中小学图书馆员

基本素养和基本技能系列丛书

U0595081

信息检索

XINXI JIANSUO

本书编著　李小燕　朱正伦

丛书编委会

主　编：王富

副主编：柴纯青　常汝吉

编　委（按姓氏笔画排序）：

马　波	王　戈	王　玉	王志庚	王海明	王德如	牛　刚
邓中村	田　颖	乔玉全	刘汉涛	刘忠民	刘金竞	闫明圣
安健彤	许永康	孙爱青	牟晓海	李　强	李祖刚	李海波
何升华	张　晓	张　涛	张宏伟	陆迎伟	陈　军	陈　谦
陈　瑜	陈　警	陈冬梅	陈绍义	范义虎	林锡江	卓　敏
岳江红	周燕萍	赵　梦	赵丽霞	赵杭生	柴旭津	徐俊峰
高　琳	郭文云	郭晋保	傅小军	廖代言	燕　莺	魏光祥

现代教育出版社

Modern Education Press

图书在版编目 (CIP) 数据

信息检索 / 李小燕, 朱正伦编著. -- 北京：现代教育出版社，2020.3
（中小学图书馆员基本素养和基本技能系列丛书 / 王富主编）
ISBN 978-7-5106-7723-6

Ⅰ.①信… Ⅱ.①李… ②朱… Ⅲ.①中小学—学校图书馆—信息检索—基本知识 Ⅳ.
①G258.69

中国版本图书馆CIP数据核字(2020)第029115号

信息检索

中小学图书馆员基本素养和基本技能系列丛书

出 品 人	陈 琦	
丛书主编	王 富	
本书编著	李小燕　朱正伦	
选题策划	李 硕	
责任编辑	王海平	
封面设计	韩志鹏	
出版发行	现代教育出版社	
地　　址	北京市朝阳区安华里504号E座	
邮　　编	100011	
电　　话	010-64252230（编辑部）010-64256130（发行部）	
印　　刷	高教社(天津)印务有限公司	
开　　本	710 mm × 1000 mm 1/16	
印　　张	16.5	
字　　数	280千字	
版　　次	2020年5月第1版	
印　　次	2020年5月第1次印刷	
书　　号	ISBN 978-7-5106-7723-6	
定　　价	49.50元	

在信息社会里，信息素养对个人的学习、生活、工作都具有重要作用，因此"信息素养"的概念已成为教育中的热门话题。

信息素养是指信息的收集者、整理者和使用者，在信息的获取、整理和使用中应具备的信息意识、信息知识、信息能力和技巧，以及应遵守的信息伦理道德。

信息素养是需要培养的，最直接、最有效的培养途径是学习信息检索的有关课程。2018年《中小学图书馆（室）规程》总则第四条规定，图书馆的主要任务是：贯彻党的教育方针，培育社会主义核心价值观，弘扬中华优秀传统文化，促进学生德智体美全面发展；建立健全学校文献信息和服务体系，协助教师开展教学教研活动，指导学生掌握检索与利用文献信息的知识与技能；组织学生阅读活动，培养学生的阅读兴趣和阅读习惯。目前的信息环境决定了中小学图书馆员应该承担信息素养教育的工作。

信息素养教育是指为培养学生的信息意识、信息知识、信息能力和技巧、信息伦理道德等信息素养，而进行的系统的教育。

本书在编写过程中，针对中小学对信息需求的现状、信息检索技术的发展状况，借鉴了高校信息检索教育的方法与实践经验，力求做到内容深入浅出，既体现时代特色又容易为中小学师生掌握和使用。

具体表现在以下几个方面：

第一，内容全面系统，体系科学合理，兼顾印刷型信息资源和数字化信息资源的检索与利用。

第二，目前高校的信息检索教材更多侧重于培养已经具备一定信息素养的大学生检索数字化信息资源的能力，而中小学图书馆员的信息检索教材更多侧重于培养中小学图书馆员了解信息检索的基本知识，掌握信息检索的基本方法，包括学会使用各种印刷型工具书。为此，我们同时编写了《工具书使用指南》一书，系统介绍传统的工具书。

第三，互联网的发展正在改变人们的学习生活习惯和信息获取方式，在网络环境下，中小学图书馆的书目查询正从传统的手工检索向计算机检索过渡，中小学图书馆应当满足师生对众多学科信息资源的需求。

本书是为满足中小学图书馆员进行信息素养教育的广泛需求而编写的一本通识教程，既可供中小学图书馆员开设信息检索课使用，也可作为中小学校有志成为信息检索高手的教师、学生的参考资料。

全书共八章。第一章介绍信息及信息资源相关概念、信息资源类型（包括印刷型及网络型）。第二章概述信息检索概念、检索原理、检索方法等。第三章介绍数十个常用中文数据库的使用方法，内容包括资源介绍、检索技术方法等。第四章介绍书目查询，包括馆藏书目查询和联合目录查询等。第五章系统介绍期刊报纸的查询，包括印刷型报刊查询和数字化报刊查询。第六章系统介绍网络工具书的特点及检索技术、网络工具书的使用方法。第七章介绍搜索引擎的使用方法技巧，并列举部分免费网络资源。第八章为信息检索案例。

需要说明的是，书中所介绍的资源有些是需要购买访问权限的，有些网址可能会发生迁移变化，所采用的相关数据大多截止到2019年4月底，之后发生的变化并没有记录在内。

全书写作分工：由李小燕负责全书的策划，提出编写框架。全书主要由李小燕撰写，朱正伦负责全书统稿。其中，第四章第二节中的"北京师范大学图书馆书目检索系统"由北京师范大学高冉撰写；第五章第六节由北京市第八十中学李晋军撰写；第六章第六节由中国知网冯小英撰写；第七章第一节、第二节由北京市第三十五中学蒋衡撰写；第七章第三节由中国教育装备行业协会许永康撰写；第八章第一节至第三节由朱正伦撰写；第八章第四节由中国知网杨金玉撰写。本书第三章、第四章内容分别由同方知网（北京）技术有限公司、北京万方数据股份有限公司、北京世纪超星信息技术发展有限责任公司、中文在线文化发展有限公司、北京方正阿帕比技术有限公司、知好乐教育科技集团、北京清大新洋科技有限公司等提供素材及图片。尤其是同方知网（北京）技术有限公司在技术上给予大力支持，提供资源及平台。在此一并表示感谢！

　　本书在写作过程中广泛吸取了国内高校大量相关研究成果，在此，谨向这些文献的作者致以诚挚的感谢！

　　信息检索技术和检索工具日新月异，加之编著者学识、水平有限，书中疏漏和不妥乃至错误之处在所难免，敬祈专家学者和读者批评指正，以便今后的修订和补充。

编者于文华轩

2019 年 8 月 8 日

■ 目 录

第一章

信息与信息资源

第一节　信息及相关概念

一、信息、知识、情报与文献的概念

（一）信息

"信息"二字古已有之。五代十国南唐人李中《碧云集·暮春怀故人》："梦断美人沉信息，目穿长路倚楼台。"诗中的"信息"指的是音信、消息。

现代意义上的"信息"概念，是美国科学家香农于1948年发表的《通信的数学理论》一文中提出的。20世纪70年代以来，信息理论与众多学科互相融合，迅速发展。目前，学术界尚未统一"信息"的定义。中国学者钟义信认为，"信息是事物运动的状态以及它的状态改变的方式，是物质的一种属性"。《中国大百科全书·图书馆学情报学档案学》对信息的描述：一般说来，信息是关于事物运动的状态和规律的表征，也是关于事物运动的知识。它用符号、信号或消息所包含的内容，来消除对客观事物认识的不确定性。2017年5月8日中国科学技术名词审定委员会最终审批的《图书馆·情报与文献学名词》对"信息"的界定：广义指客观事物存在、运动和变化的方式、特征、规律及其表现形式；狭义指用来消除随机不确定性的东西。

信息，按性质可以分为自然信息（如生物信息、天体信息）和人工信息，按作用功能可以分为功能信息和非功能信息，按认识角度可以分为客观信息和主观信息。但不论哪种类型的信息，它们的特性是共同的，即客观性、寄载性、传递性、动态性、相对性、增长性、共享性、累积性、可储存性等。

（二）知识

知识是人们在社会实践中形成的对客观事物存在和运动规律的认识。客观事物存在和运动规律，其实就是信息的同义语，因此这句话也可以理解为知识是人们对信息的认识。知识一般可以分为三大类：自然科学知识、社会科学知识、思维科学知识。知识与信息密不可分，人们不仅能通过信息感知世界、认识世界，而且能通过信息改造世界。可把信息转化为知识，再把知识转化为智慧；反过来，智慧又会转化为新知识，新知识又会转化为新信息，人们则通过新信息重新认识世界、改造世界。

（三）情报

情报是获取的他方有关消息、报道、情况。情报拉丁文词源为 informatio，有"消息传递"的含义，是运用一定的形式传递给特定用户并产生效用的知识或信息。情报的本质是知识，具有传递性和实用性的特点。传递性是情报的重要属性。

（四）文献

"文献"二字古已有之，最早见于《论语·八佾》，孔子云："夏礼吾能言之，杞不足徵也；殷礼吾能言之，宋不足徵也；文献不足故也。足，则吾能徵之矣。"南宋朱熹在《四书章句集注》注释说："文，典籍也；献，贤也。"意思是，文献有两种含义，一是指历史资料，二是指熟悉历史掌故的人。最早以"文献"二字为书名的是元马端临的《文献通考》。其《自序》中解释说："引古经谓之文，参与唐宋以来诸臣奏议、宿儒之议论谓之献。"在这里，"文献"是指各种各样的典籍和文字记录。

随着技术手段的革新，人们对文献的认识逐渐突破了"图书文物资料"的范围。国际标准化组织在《文献情报术语国际标准（草案）》（ISO/DIS 5217）将文献定义为："在存储、检索、利用或传递记录信息的过程中，可作为一个单元处理的，在载体内、载体上或依附载体而存储有信息或数据的载体。"

国家标准《文献著录总则》（GB 3792.1-83）对文献所下的定义："文献是记录有知识的一切载体。"文献包括用文字、图像、符号、声频、视频等手段记录人类知识的各种载体（如纸张、胶片、磁盘、磁带、光盘等）。由此可见，文献的范围非常广泛。

从上述定义我们不难看出，文献具有四个基本属性——知识性、记录性、感知性、物质性，三个基本功能——存储知识的功能、传递和交流信息的功能、保存知识的功能。

文献由四个要素组成：①所记录的知识和信息，即文献的内容。②记录知识和信息的符号，文献中的知识和信息是借助于文字、图表、声音、图像等记录下来并为人们所感知的。③用于记录知识和信息的物质载体，如竹简、纸张、胶卷、胶片等，它是文献的外在形式。④记录的方式或手段，如铸刻、书写、印刷、复制、录音、录像等，它们是知识、信息与载体的联系方式。

二、信息、知识、情报与文献之间的关系

文献与信息、知识、情报之间有着极为密切的关系。

信息是客观存在的事物及其表现形式，文献、知识和情报只是信息的某些部分。

文献是信息的重要组成部分，是信息整理以后的保存形式和传播方式。文献是整理以后的信息、知识、情报的物质载体——它们只有形成文献才能被储存、传递、利用。

知识是信息的重要组成部分，是经过加工整理的信息，是条理化、理论化的信息，并依赖文献得以储存、传递、利用。

情报是知识的重要组成部分，是可以传递和产生效益的信息，并依赖文献得以储存、传递和利用。

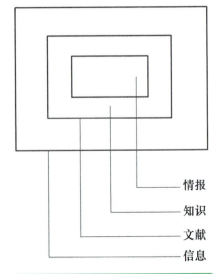

图 1-1-1 信息、知识、情报与文献的关系

第二节　信息资源概念

信息是一种重要的资源。对信息资源进行组织、管理、建设、开发、利用成为人们普遍关心的问题，对信息资源管理的研究也成为国内外研究的热点之一，并已发展成为一门新兴学科。

"信息资源"一词最早是由奥罗尔科（J. O. Rourke）在《加拿大的信息资源》（*Information Resources in Canada*）一文中提出的概念[①]。此后，以Information Resource 为标题的论著逐渐增多。在我国，这一术语是在 20 世纪 80 年代中期以后开始流行起来的。

目前，学术界尚未就"信息资源"的概念达成一致意见。我国学者卢泰宏和孟广均在 1992 年编译的《信息资源管理专辑》中，将美国学者对信息资源的理解归纳为"信息资源＝文献资源，信息资源＝数据，信息资源＝多种媒介和形式的信息（包括文字、图像、声音、印刷品、电子信息、数据等），信息资源＝信息活动中各种要素的总称（包括信息、设备、技术和人等）"，并指出国外信息资源管理学者对信息资源的理解多取最后一种解释。

国内外对信息资源概念有两种不同的表述。

对信息资源狭义的理解：信息资源是人类社会活动中经过加工处理有序化并大量积累起来的有用信息的集合，如科技信息、政策法规信息、社会发展信息、市场信息等都是信息资源的重要构成要素。

对信息资源广义的理解：信息资源除了信息内容本身外，还包括与其相连的信息设备、信息人员、信息系统、信息网络等。

综合国内外观点，我国学者认为，信息资源是指人类社会活动中积累起来

---

① 见《专业图书馆》（*Special Library*），1970 年 2 月号（61 卷 2 期）59 ~ 65 页。

的以信息为核心的、包括各类与信息相关的要素（信息技术、设备、设施及信息生产者等）的集合。

信息是普遍存在的，信息要转变成可以利用的资源，必须进行采集、积累、分析、理解、识别、挑选、分类、编码、组织、存储、传递、维护，成为知识、知识的载体——文献资源。也就是说，信息必须经过开发才能成为有用的信息资源。

第三节　信息资源类型

　　文献是信息的重要组成部分，是信息整理以后的保存形式和传播方式。信息、知识、情报必须通过物质载体——文献来储存、传递和利用。而文献信息资源按照不同的标准可以划分为不同的类型，各种类型存在交叉和重复。

一、按载体形式划分

　　文献的本质，就是将信息以某种形式记载下来，并以一定形态呈现出来。《文献著录总则》对文献所下的定义：文献是记录有知识的一切载体。其载体有甲骨、金石、简册、纸张、胶片、胶卷、磁带、磁盘、光盘等。信息资源依据其记录方式和载体材料，可做如下划分：

（一）刻写型信息资源

　　刻写型信息资源指以刻画和手工书写为手段，将知识信息内容记录在各种自然物质材料和纸张等不同的载体上而形成的文献资源，如古代的卜辞、金文、简策、帛书，以及现代的笔记、手稿、书信、原始档案、会议记录等。刻写型文献中有许多稀有和珍贵的信息资源。

（二）印刷型信息资源

　　印刷型信息资源是指通过石印、油印、铅印、胶印、复印等印刷方式，将知识信息内容记录在纸质载体上的一种文献资源。它已有悠久的历史，目前仍然是占主导地位的知识信息载体。它的突出优点是便于阅读，可直接、任意翻阅，不需要借助任何设备阅读。缺点是相对于其他信息载体来说，体积大，信息存储密度低，收藏占用空间大，受自然条件和纸张自身限制，难以长期保存，难以实现信息自动化和高速度传递。

（三）视听型信息资源

视听型信息资源又称"声像资料""视听资料"，指利用声像技术直接记录声音、图像，然后通过播放手段给人以视觉、听觉感受的文献。常见的视听型信息资源主要有唱片、录音带、幻灯片、电视片、录像带等。

（四）电子出版物

对于电子出版物，国际上还没有一个公认的定义。2008 年，原国家新闻出版总署颁布的《电子出版物出版管理规定》中将电子出版物定义为："以数字代码方式，将有知识性、思想性内容的信息编辑加工后存储在固定物理形态的磁、光、电等介质上，通过电子阅读、显示、播放设备读取使用的大众传播媒体，包括只读光盘（CD-ROM、DVD-ROM 等）、一次写入光盘（CD-R、DVD-R 等）、可擦写光盘（CD-RW、DVD-RW 等）、软磁盘、硬磁盘、集成电路卡等，以及新闻出版总署认定的其他媒体形态。"

电子出版物种类繁多、形式多样，可以根据不同的标准划分出不同的类型。

1. 按载体形式划分

（1）磁性媒体出版物，指信息存储在磁带、软盘上的出版物。

（2）网络媒体出版物，指信息存储、处理、出版、发行等环节均在通信网络上实现的出版物，包括联机数据库、网络型电子出版物（如 e-book）等。

（3）光媒体出版物，指以光盘为载体的出版物，包括一般的 CD 产品和多媒体光盘，如只读光盘（CD-ROM）、高密度只读光盘（DVD-ROM）、交互式光盘（CD-I）、图文光盘（CD-G）、视频光盘（Video-CD）、照片光盘（Photo-CD）等。

2. 按文献类型划分

有电子图书、电子期刊、电子报纸、全文数据库、电子游戏软件、音乐唱盘、激光视盘、交互式教学软件等。

3. 按信息记录方式划分

包括文本式、图像式（包括静态图像和动态图像）。

4. 按信息的存储格式划分

包括纯文本格式（TXT）、静态图像格式（GPEG、GIF、BMP）、动态图像格式（MPEG、WMV 等）、可执行文件格式（EXE）、超文本标识语言格式（HTML、XML）、PDF 格式及其他各种专用数字化文献信息格式（如中国知网的 CAJ 格式等）。

（五）网络型信息资源

网络型信息资源是指借助于计算机网络可以获取和利用的所有信息资源的总和。网络型信息资源的划分标准很多，依照不同的标准可将网络型信息资源划分成不同的类型。

1. 按使用形式可划分为联机信息资源、因特网信息资源

（1）联机信息资源主要是指通过主机或联机网络及检索终端获取信息的联机数据库。它的优势是信息量大、内容覆盖面广，检索精确度高，节省时间，更新速度快，已形成一整套信息安全和授权等规范管理的制度和方法。其不足是使用时必须有专业人员帮助，用户界面不统一，检索途径和方式随系统和数据库的不同而有所差异，所有的服务都要收费。

（2）因特网信息资源是世界上最具活力的、前景最广阔的信息资源，所有因特网上的网站和用户都是信息的生产者和发布者。其优势体现在因特网将各种信息内容集中在统一易用的用户界面上，消除了地理、文化、语言和时间的限制，方便用户存取与利用。它改变了原始信息生产、采集和提供传递的模式，实现了信息表达和传输的质的飞跃。它的缺点是信息组织上的庞杂无序，存在信息安全、网络安全问题，存在版权保护、隐私保护问题。

2. 按所对应的非网络型信息资源可划分为联机公共目录、电子书刊、数据库和其他类型的信息

（1）联机公共目录。在因特网中，图书馆目录已发展成为 OPAC（Online Public Access Catalog），用户通过图书馆的 OPAC 就可以在自己的网络终端查询世界各地的大学图书馆、公共图书馆和专业图书馆的馆藏。

（2）电子书刊。它指完全在网络环境下编辑、出版、传播的书刊，包括电子书籍、电子期刊、电子报纸、电子工具书。许多传统的和现代的工具书都已

进入因特网，如《大不列颠百科全书》《牛津大辞典》《康熙字典》《汉语大词典》等。

（3）数据库。数据库作为高质量的学术、商业、政府和新闻信息的重要来源，是网络信息资源的主体。在网络环境下，用户可直接联机检索有关数据库，既快捷又方便。

（4）其他类型的信息。除了上述几种类型的信息之外，电子邮件、电子公告、新闻组、用户组也成为信息交流的重要渠道，并成为网络信息资源的重要组成部分。

3．按照生产途径和发布范围可划分为正式出版信息、半正式出版信息和非正式出版信息

（1）正式出版信息是指由出版机构或出版商、数据库商出版发行的，受到知识产权保护、质量可靠及利用率较高的知识性、分析性的信息。此类信息资源在数字学术信息资源中所占比例较大，包括各类数据库和电子图书、电子期刊。这类信息资源，学术含量高，信息量大，使用方便，不免费向公众开放，必须购买其使用权才能使用。

（2）半正式出版信息又称"灰色"信息资源，指受到一定知识产权保护但没有纳入正式出版系统中的信息，包括各类学术团体、教育机构、政府机构、行业协会、商业部门等在网上正式发布的网页及其信息。此类信息资源还包括教育机构、图书馆、学术团体的特色收藏制作，如教师的教学课件、内部电子期刊、会议文集、各类报告、产品简介等信息。

（3）非正式出版信息指流动性、随意性较大，信息质量难以保证和控制的动态性信息，如电子邮件、网络论坛、电子会议、电子公告等。

4．按数据存取方式可划分为结构化数据和非结构化数据

（1）结构化数据是以关系数据库形式存储的文字、图像、视频等数据和信息。结构化数据是由二维表结构来逻辑表达和实现的数据，严格遵循数据格式与长度规范，主要通过关系型数据库进行存储和管理。

（2）非结构化数据是指数据结构不规则或不完整，没有预定义的数据模型，不方便用数据库二维逻辑表来表现的数据。它包括所有形式的文本、图片、HTML、XML、各种报表、图像和声频、视频信息等。其中有大量以自然语言等形式存在的网络数据和信息，如门户网站、微博、微信等社交媒体发布的信息。

5．按照信息载体的数量可分为单一媒体信息、多媒体信息和富媒体信息

（1）单一媒体信息又称传统媒体信息，由一种信息载体组成，如图书、期刊、报纸、广播、电视、声频等。

（2）多媒体信息。多媒体是一种把文本（Text）、图形（Graphics）、图像（Images）、动画（Animation）和声音（Sound）等形式的信息结合在一起，通过计算机进行处理和控制，能支持完成一系列交互式操作的信息技术。多媒体信息是网络信息的基本存在形态。

（3）富媒体信息。富媒体是英文 Rich Media 的直译，是指具有动画、声音、视频和／或交互性的信息传播方法。富媒体包含流媒体、声音、Flash 以及 Java、Javascript、DHTML 等程序设计语言的形式之一或者几种的组合。富媒体可应用于各种网络服务中，如网站设计、电子邮件、在线广告、在线教材等。

二、按出版形式划分

按照出版形式可划分为图书、期刊、报纸、特种文献、其他零散资料等。

1. 图书

图书是单册出版的正式公开出版物，是用文字、图画或其他符号手写或印刷于纸张等形式的载体上并且有相当篇幅的文献。联合国教科文组织出于在世界范围内进行统计和分类的需要，规定：凡由出版社或出版商出版的 49 页以上的印刷品，具有特定的书名和著者，编有国际标准书号（ISBN），有定价并取得版权保护的出版物，称为图书；5 页以上、48 页以下的称为小册子。

图书按知识内容可分为社科图书、科技图书等；按文种可分为中文图书、外文图书（日、英、法文等）；按作用范围可分为一般图书、工具书、教科书等；按知识内容的深浅程度可分为学术专著、普及读物、儿童读物等；按制作形式可分为写本书、抄本书、印本书等；按著作方式可分为专著、编著、译书、汇编、文集、类书等；按装帧形式可分为精装书、平装书、线装书；按出版卷帙可分为单卷书、多卷书等；按刊行情况可分为单行本、丛书、抽印本等；按制版印刷情况可分为刻印本、排印本、影印本等；按版次和修订情况可分为初版书、再版书、修订本等。

图书的特点是有独立的内容体系，内容比较成熟，知识比较系统，出版形式比较固定；缺点是出版周期长，传递速度较慢。电子图书可以弥补这一缺陷。

2. 期刊

期刊是有固定名称，定期或按宣布的期限出版，并计划无限期出版的一种连续出版物。期刊又称杂志，主要刊登论文、纪事或其他著述。期刊的特点是出版周期短、类型多样、报道速度快、时效性强、信息量大、内容新颖、知识新颖。人们通过阅读期刊了解世界、了解社会。有关数据显示，科技人员获取的信息 65% 来源于期刊，期刊文献量占整体信息源的 60%—70%，是重要的信息源。

期刊类型多种多样，按其登载作品的内容，可分为综合性期刊和专业性期刊；按期刊的出版形式，可分为印刷型期刊、视听型期刊；按期刊的出版周期，可分为年刊、半年刊、季刊、双月刊、月刊、旬刊、周刊以及不定期刊；按期刊的内容性质，又可分为学术性期刊、检索性期刊和普及型期刊。

3. 报纸

报纸是一种以刊载新闻和评论为主要内容的、散页的定期出版物。它有固定的名称和开本，有年、月、日期号和顺序号，与期刊相比，出版周期更短、更新速度更快、信息更及时、内容更广泛。

4. 特种文献资料

特种文献资料是指出版形式比较特殊的科技文献资料。它介于图书和期刊之间，似书非书，似刊非刊。这类文献的特点是内容广泛、新颖、多样，现实性强，情报价值高，类型复杂，从不同领域及时反映当前科学技术的创造发明、进展动态、研究水平及发展趋势。特种文献资料出版发行无规律，有的有一定的保密性，收集比较困难。特种文献资料主要包括政府出版物、科技报告、会议文献、学位论文、专利文献、标准文献、产品资料等。

（1）政府出版物，又称"官方出版物"，是各国政府部门及其所属机构出版的文献。其内容广泛，涉及基础科学、应用科学和社会科学各个领域。按性质可分为行政性文献和科技文献两大类；前者包括国会记录、司法资料、方针政策、规章制度、决议、指示以及调查统计资料等；后者包括各部门的研究报告、科普资料、技术政策文件等。它们对于了解各国政治、经济、法制、文化、教育、科技发展情况、方针政策及组织规划，有重要的参考价值。

（2）科技报告，科学技术报告的简称，是描述一项科学技术研究的结果或进展，或一项技术研制试验和评价的结果，或是论述某项科学技术问题的现状和发展的文件，主要呈送给科学技术工作的主管机构、科学基金会等组织或主持研究的人等。一般提供按工作进程的充分信息，可以包括正、反两方面的结果和经验，以便有关人员和读者进行判断和评价，或对报告中的结论和建议提出修改意见。

（3）会议文献，指产生于各种学术会议的文献。其可分为会前出版物和会后出版物两类。会前出版物包括会议日程表、会议议程、会议论文预印本和论文摘要等。会后出版物指会后将会议论文及其讨论情况整理汇编而成的会议录，内容较系统完整，一般对外公开发行，但出版速度较慢。其出版形式大体可分为连续出版物形式、单行本图书形式及编入科技报告形式三种。会议文献内容新、专业性强、质量高，许多学术上的重要创见都是通过会议首先公布的，是反映某一学科领域或某一研究课题的最新研究成果、学术水平和发展趋势的重要参考资料。

5. 其他零散资料

其他零散资料主要指档案资料、舆图、图片和乐谱等资料。档案资料包括文书档案和科技档案，是记录各种事实进行过程的卷宗材料，有一定的保密性。舆图包括地形图、地质图、行政区划图、各种教学挂图等。图片包括各种新闻照片、艺术照片、绘画作品等。乐谱指单张活页式音乐曲谱艺术作品。

三、按信息资源的加工层次划分

（一）印刷型文献按照信息资源的加工层次可划分为一次文献、二次文献、三次文献、零次文献

1. 一次文献（也称"原始文献"）

一次文献是文献信息资源的基本类型，是著作者最初发表的科研成果的原始创作。一次文献包括专著、期刊论文、会议论文、专利文献、标准文献、统计报表等。判断一次文献的标准不是载体形式，而是内容。

2. 二次文献（也称"检索性文献""线索性文献"）

二次文献是在对大量分散的原始文献进行收集整理的基础上，按照一定体例组织而成的可供检索的一种信息资源，如书目、索引、文摘等，它是引导和使用一次文献时必不可少的工具。二次文献的最大优势是提供的文献线索集中、有序、系统，能比较全面、系统地反映某个学科、专业或专题在一定时空范围内的文献线索，是积累、报道和检索文献资料的有效手段。

3. 三次文献

三次文献是指通过利用二次文献对一次文献进行系统分析、综合研究、评述而加工生成的信息资源。三次文献具有系统性、综合性、知识性和概括性等特点。综述、述评、专题研究报告、百科全书、年鉴、手册、指南等都是三次文献。

4. 零次文献（又称"最原始的文献"）

零次文献是指未经正式发表或未进入社会交流的最原始的文献，如私人笔记、实验数据、观测记录、调查材料、文章草稿、书信以及各种内部档案等。这些未融入正式交流渠道的信息，往往反映的是研究工作取得的最新发现，或是遇到的最新问题，或是针对某些问题的最新想法等。这一特殊的文献信息，具有内容新颖、零散、不成熟和难以获得等特点。

（二）网络信息资源借用印刷本文献的划分标准，分为网上一次信息、网上二次信息、网上三次信息

1. 网上一次信息

网上一次信息即原始文献，指反映最原始思想、成果、过程，以及对其进行分析、综合、总结的信息资源，包括事实数据库、电子期刊、电子图书、开放获取论文平台、直接发布和点播下载多媒体资源的网站，以及学位论文、专利等特种文献。用户可以从网上一次信息中直接获取自己所需的原始信息。

2. 网上二次信息

网上二次信息指对网上一次信息进行加工、整理，便于利用一次信息的信息资源，如参考数据库、网络资源学科导航目录、搜索引擎 / 分类指南等。网上二次信息可以把大量分散的一次信息按学科或主题集中起来，组织成无数相关信息的集合，向公众报道原始信息产生和存在的信息，同时也是一种有效的检索工具。

3. 网上三次信息

网上三次信息指对网上一次、二次信息进行综合分析、加工、整理的信息资源。如专门用于检索搜索引擎的元搜索引擎，比较典型的是 Webcrawler，它被称为"搜索引擎之搜索引擎"（search engine of search engine）。当用户

进行检索时，反映出来的结果是各搜索引擎的检索结果。

■ **思考题**

1. 简述信息、知识、情报、文献的概念及相互之间的关系。

2. 如何理解信息资源的概念？

3. 简述信息资源的类型及各自特点。

4. 图书情报机构将印刷型文献信息资源按照加工层次划分为一次文献、二次文献、三次文献、零次文献，数字信息资源和印刷型文献信息资源的划分标准是否一致？请描述理由。

第二章

信息检索

第一节　信息检索概述

信息检索，亦称情报检索。这个概念是在 20 世纪 40 年代由穆尔斯（C. N. Mooers）首先提出的。信息检索，全称是"信息检索与存储"，是指将信息按照一定的方式组织和存储起来，根据信息用户的需求找出有关信息的过程和技术。这是广义的信息检索，包括存储和检索两个方面。信息存储包括对信息进行特征描述、加工并使之有序化。信息检索是借助一定的设备和工具，采用一定的方法和策略找出所需要的信息。信息存储是信息检索的基础，信息检索是信息存储的目的。狭义的信息检索是指从信息集合中找出所需的信息的过程，相当于人们通常所说的信息查询。

信息检索已经有 2000 多年的历史，汉代刘歆的《七略》就是我国最早的图书目录分类著作。1665 年 1 月 5 日法国议院参事戴·萨罗创办世界上第一本科技期刊《学者杂志》（*Journal des Scavans*），同年创刊的还有英国皇家学会的《哲学汇刊》。由于科技期刊的数量不断增长，大多数人已经不可能将所有期刊上的所有文章阅读或浏览一遍，并且每一篇文章也不都有阅读价值，继而出现了文摘索引，即读者可以根据自己的需要查找相关文献。随继，书目、索引、文摘等检索工具应运而生。这些印刷版的工具主要根据文献的内部、外部特征，从题名、作者、主题词、分类等途径提供手工检索。

信息检索技术经历了由低级到高级发展的过程，如印刷型手工检索、穿孔卡片检索、缩微胶卷检索、脱机批处理检索、联机检索、光盘检索、目前的网络检索等，检索技术从传统的线性检索向超文本支持的非线性检索发展。网络检索是未来信息检索的发展方向。

第二节 信息检索原理

一、信息检索概念

"检索"即"查找"之意。信息检索的概念有很多,《图书馆学百科全书》认为:广义的信息检索包括信息的存储过程和信息的查找过程,狭义的信息检索仅指信息的查找过程。

本书采用武汉大学焦玉英教授对信息检索的定义,即信息检索是从任何信息集合中识别和获取所需信息的过程及其所采取的一系列方法和策略。从原理上看,它包括存储和检索两个方面[1]。这里所说的信息集合指的是有组织的信息整体。它可以是某个图书馆的全部馆藏、数据库的全部记录,也可以是某种检索工具。信息检索就是从这些馆藏、数据库中,利用检索工具查找所需信息的活动。

信息的存储过程是一个建立检索系统的过程,也就是人们对信息进行选择、著录、标引、整序并编制检索工具,即建立数据库的过程。而信息检索,是指人们借助一定的设备和检索工具,采用相对应的检索技术、方法和策略,查找和选择自己所需信息的过程。存储是检索的基础,检索是存储的目的。

二、信息检索原理

根据信息检索的定义,我们知道信息检索的整个过程包括信息的存储与检索,对用户而言后者更为重要。

信息检索的基本原理:为了信息的充分交流和有效利用,为了信息检索用

---

[1] 选自焦玉英、符绍宏、何绍华的《信息检索》(第二版),武汉大学出版社 2008 年版。

户能在信息的海洋中准确、及时、全面地获取特定的信息，通过对大量、分散无序的信息进行搜集、加工、组织、存储，建成各种各样的检索系统（手工检索工具、计算机检索的各类数据库），在统一存储信息和检索信息时，使用规范的检索语言，将信息检索用户的检索信息标识，与检索系统提供的信息标识进行比较，凡是双方标识一致的，就将具有这些标识的信息按要求从检索系统中输出。

但受职业、学识、个人检索习惯等因素的影响，信息存储人员与信息检索用户对同一信息的分析、理解存在差异。例如对《历史人物异名的咨询与检索》一文，信息存储人员可能将其归入"历史人物"类，信息检索用户可能在"检索"类查找该文，这样，信息存储人员和信息检索用户之间发生了错位，存储的信息就无法快速、准确地被检索到。

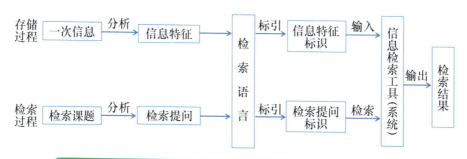

图 2-2-1　信息检索原理图（摘自《数字信息资源检索》，武汉大学出版社）

要想保证信息既能存得进又能取得出，信息存储与检索所依据的规则必须一致，信息存储人员与信息检索用户必须遵守相同的标引规则。这样，同样的一篇文章不论是谁来标引或检索，都能检索到。信息存储与信息检索共同遵守的规则称为检索语言。

第三节　信息检索基础知识

一、信息检索类型

信息检索是通过信息系统来实现的，常用的信息检索有以下几种类型：

（一）根据检索手段的不同，可分为手工信息检索和计算机信息检索

（1）手工信息检索是指通过手工操作，利用各种印刷型（书本式）文献线索的工具书，如书目、题录、索引、文摘等查找文献信息的检索方式。

（2）计算机信息检索是指利用计算机和网络查找文献信息的检索方式。现代信息检索因拓宽了检索领域，大大提高了传统信息检索的效率。

计算机信息检索系统是信息检索所用的硬件资源、系统软件和检索软件的总和。随着计算机技术及其他科学技术的发展，各个系统的计算机成为网络上的节点，信息检索的对象达到开放、动态更新的程度，网络化、智能化、个性化已成为目前现代信息检索技术发展的趋势。

（二）根据检索对象的不同，可分为文献检索、数据检索、事实检索、图像检索和多媒体检索

（1）文献检索是以原始文献出处和内容为检索对象的文献信息检索。检索结果可以是文献线索，如书目、题录、索引、文摘；也可以是具体的文献，如全文。例如，查找《三体》一书的馆藏情况，可借助于图书馆的书目检索系统获取该书的索书号、典藏地、在馆册数等信息。再例如，检索"关于整本书阅读"的相关文章，即可获取题录信息（文章的数量、作者、发表时间、在何种

刊物上、阅读下载等），同时还可获取摘要信息及全文。

（2）数据检索又称数值检索，是以数值或图表的数据为检索对象的文献信息检索。数据检索包括对各种参数、电话号码、银行账号、观测数据、统计数据等数字数据的检索，也包括对图表、图谱、化学分子式、物质的各种特性、市场行情等非数字数据的检索。数据检索是一种确定性检索，检索结果具有唯一性，可以提供直接使用的科学数据。例如，检索"2018 年全国参加高考的人数"，检索结果为数据信息，这些数据无论在何种文献中出现，都是相同的。数据检索与文献检索有许多共同之处，文献检索的许多方法同样也适用于数据检索。

（3）事实检索是利用字典、词典、百科全书、年鉴、手册、名录、书目指南等参考工具书，或是利用存储事实的数据库，以特定事实为检索对象的文献信息检索。事实检索结果是客观事实或为说明客观事实而提供的资料和原始信息，并给出直接、确定性的答案。例如，"北京故宫共有多少间房屋""2018 年诺贝尔生理学或医学奖的获得者是谁"，这些问题的答案是明确、直接和肯定的，能通过事实检索工具一次完成。事实检索是信息检索中最复杂的一种，要求检索系统必须有一定的逻辑判断能力和自然语言理解功能。

（4）图像检索是以特定的图形、图像、图文信息为检索对象的文献信息检索。在网络环境下，结合图像所在 Web 文档对图像进行特征分析，同时立足于图像内容共同标引达到对图像的分析和检索。

（5）多媒体检索是以特定的文字、图像、声音等多媒体信息为检索对象的信息检索。通过对多媒体信息的分析找出要表达的内容，并根据信息的内容给出文字概述，进而找到所需的多媒体信息。

（三）根据检索方式的不同，可分为直接检索和间接检索

（1）直接检索是指不必利用检索工具，直接阅读、浏览一次文献这种简单的文献信息检索方式。直接检索的特点是花费时间多、盲目性大，但直接性、准确性较高。这种方式适用于检索课题单一、文献相对集中，又熟悉检索书刊的信息检索，不适宜主题较为离散的信息需求的检索。

（2）间接检索是指利用检索工具，进行二次文献检索、三次文献检索这种复杂的文献信息检索方式。间接检索的优点是检索结果具有较高的准确性和全

面性。现在，计算机的发展使得自动构建大型索引成为可能，间接检索方式适用于检索多个主题、文献离散度较大的课题。

二、信息检索语言

在信息存储和信息检索过程中，信息存储人员分析文献信息标识——检索点，信息检索用户分析课题，形成检索提问标识——检索词，他们共同遵守的规则就是信息检索语言。

可以这样理解，信息检索语言是信息存储与信息检索过程中用于描述信息特征和表达信息提问的一种专门语言。

（一）信息检索语言的特点及构成

信息检索语言是沟通信息存储人员和信息检索用户双方思路的桥梁，是一种描述信息内容和相互关系的人工语言，具有表达信息和组织信息两个特点。

（1）表达信息。用信息检索语言对信息的内容特征和外部特征进行描述和标引，能保证不同的信息存储人员和信息检索用户对同一信息内容使用完全相同的检索语言。

（2）组织信息。信息完成著录和标引后形成款目，再按照一定的规则和方法，如分类、主题、字顺、作者、时间整序等将款目组织起来，成为一个有序的系统，这才是信息组织与信息存储的全过程。完成了信息组织与信息存储以后，信息检索用户才能正常进行信息检索。

信息检索语言由词汇和语法组成。词汇是指收录在类表和词表中的所有可识别语词，如分类号、主题词、代码等标识。语法是指为了正确描述信息内容和信息需求而创造和运用的标识，是实现信息检索的规则。

（二）信息检索语言的类型

信息检索语言分为自然检索语言和人工检索语言两种。

1. 自然检索语言

自然检索语言也称为关键词语言，是由关键词组成的信息检索语言。信息检索用词直接从信息资源中自然产生，它由自然信息资源的名称、正文或文摘中抽出的代表信息主要内容的字、词、整个句子或是段落组成。这部分检索用词有时由人工自由标引，如作者、关键词等，但大部分检索用词由计算机标引系统自动完成，检索时直接采用自然语言形式的字、词、句提问，即可获得检索结果，易于使用，精准性强。

2. 人工检索语言

人工检索语言是用经过人工规范化的词标引和检索的语言。人工检索语言可以将同义词、近义词、相关词、多义词及缩略词规范在一起，由人工编制，专指某个特定概念的语言。主要有分类检索语言（即描述文献内容特征的检索语言）、主题检索语言和代码检索语言。分类检索语言和主题检索语言是我们学习的主要检索语言。

（1）分类检索语言是人工检索语言的一种，就是按照学科范畴及知识之间的关系列出类目，用数字、字母符号对类目进行标识的一种分类检索语言，又称为分类号，也称分类法。使用分类检索语言建立的文献检索系统可以反映文献的从属、派生、重合、交叉、并列等关系，信息检索用户通过分类检索语言，可以系统了解和准确利用一个学科或专业的文献信息。

目前常用的分类法有美国国会图书馆分类法、杜威分类法、国际专利分类表、中国图书馆分类法（以下简称"中图法"）等。

中图法是为我国各类型图书情报机构编制的分类检索语言。中图法以科学分类法和知识分类法为基础，按照从总到分，从一般到具体的编制原则，确定分类体系，编制的类目表由基本大类、简表、详表和通用复分表组成。

《中国图书馆分类法》（以下简称《中图法》）将所有学科概括为"哲学""社会科学""自然科学"三大部类。同时又认为，马克思主义、列宁主义、毛泽东思想是一切科学的指导思想，必须作为一个基本部类列于首位。此外，根据图书本身的特点，对于一些类无专属、不能按学科内容性质归类的图书，概括为"综合性图书"这一基本部类，列于最后。这形成了《中图法》的五大基本部类。同时"社会科学"部类下又展开 8 个大类，"自然科学"部类下又展开 9 个大类，这就构成了《中图法》的 22 个基本大类。这 22 个基本大类用 A 到 Z 间的字母表示，字母后的小类用数字表示，其中工业技术类（T 类）用双字母表示，组成《中图法》的完整体系，如图 2-3-1 所示。

简表的左侧是五大基本部类，右侧是 22 个基本大类。对 22 个基本大类再作进一步划分，形成了二级类目、三级类目、四级类目、五级类目。

简表起着承上启下的作用，是分别对每个基本大类，依据它的某些属性，作进一步划分后形成的二级、三级类目表，如图 2-3-2 所示。

马克思主义、列宁主义、毛泽东思想 ------------ A 马克思主义、列宁主义、毛泽东思想、
　　　　　　　　　　　　　　　　　　　　　　邓小平理论

哲学 -- B 哲学、宗教

社会科学 ------------------------------------ C 社会科学总论

　　　　　　　　　　　　　　　　　　　　　D 政治、法律

　　　　　　　　　　　　　　　　　　　　　E 军事

　　　　　　　　　　　　　　　　　　　　　F 经济

　　　　　　　　　　　　　　　　　　　　　G 文化、科学、教育、体育

　　　　　　　　　　　　　　　　　　　　　H 语言、文字

　　　　　　　　　　　　　　　　　　　　　I 文学

　　　　　　　　　　　　　　　　　　　　　J 艺术

　　　　　　　　　　　　　　　　　　　　　K 历史、地理

自然科学 ------------------------------------ N 自然科学总论

　　　　　　　　　　　　　　　　　　　　　O 数理科学和化学

　　　　　　　　　　　　　　　　　　　　　P 天文学、地球科学

　　　　　　　　　　　　　　　　　　　　　Q 生物科学

　　　　　　　　　　　　　　　　　　　　　R 医药、卫生

　　　　　　　　　　　　　　　　　　　　　S 农业科学

　　　　　　　　　　　　　　　　　　　　　T 工业技术

　　　　　　　　　　　　　　　　　　　　　U 交通运输

　　　　　　　　　　　　　　　　　　　　　V 航空、航天

　　　　　　　　　　　　　　　　　　　　　X 环境科学、安全科学

综合性图书 ---------------------------------- Z 综合性图书

图 2-3-1 《中图法》基本大类

I	文学
I0	文学理论
I1	世界文学
I2	中国文学
I3/7	各国文学

图 2-3-2 《中图法》简表片段

详表是《中图法》的主表，是厚厚的一本书，不是一纸图表。详表采用了等级列举式的分类模式编制，设基本大类、二级类目、三级类目、四级类目、五级类目，层层展开，形成一个树形结构。从基本大类到五级类目都设计了类

目代码，基本大类的类目代码由英文字母组成，二级类目、三级类目、四级类目、五级类目的类目代码由英文字母和阿拉伯数字组成。类目代码使检索用户一看便知该类目在《中图法》主表中所处的位置和该类目的确切含义。

详表的类目展开示意如图 2-3-3 所示。

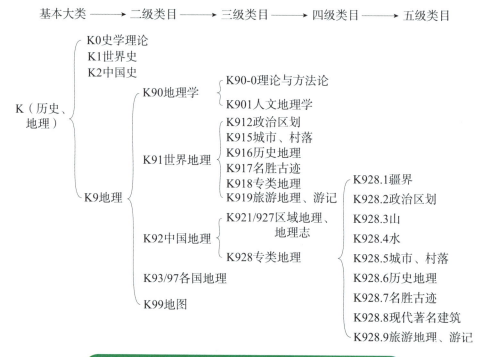

在编制《中图法》类目表时，为增强细分程度，缩简类目表的篇幅，使用通用复分表对类目再次复分。《中图法》的通用复分表共有五种：①总论复分表；②世界地区表、中国地区表；③国际时代表、中国时代表；④世界种族与民族表、中国民族表；⑤通用时间、地点和环境、人员表。主表中任何一级类目均可使用通用复分表复分（除个别表明的外），即将本表有关号码加在主分类号之后。

下面以用《中图法》编制的分类检索语言，在国家图书馆联机公共目录查询系统检索"中学教师资格考试的培训教材"为例，说明《中图法》的检索方法和检索过程。

如图 2-3-4 所示，左侧"中图分类法"浏览。

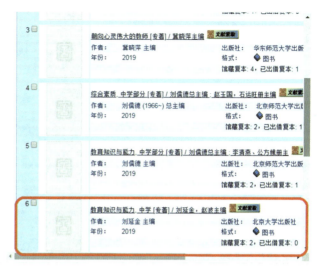

图 2-3-4　国家图书馆联机公共目录查询系统——分类浏览

左框显示的是中图法分类浏览的路径：各级教育→中等教育→教师与学生→教师、班主任。

在左框排序选择"教师、班主任"，右边页面呈现为"教师、班主任"类目下的全部文献列表。其中第 6 条记录的详细信息为：

书名：教育知识与能力（中学）

作者：刘延金、赵波主编

出版社：北京大学出版社

提要：本书共 8 个模块，内容包括教育基础知识与基本原理、中学课程、中学教学、中学生学习心理、中学生发展心理、中学生心理辅导、中学德育、中学班级管理与教师心理。

学科主题：中学教师—教学能力—资格考试—教材

中图分类号：G635.11

在这条信息中，有一个字段标示为"分类号 G635.11"，其内容"G635.11"即为《中图法》"中等教育"的类目代码，也就是分类号。其中"G"代表"文化、科学、教育、体育"，是一级类目；"G63"代表"中等教育"，是三级类目；"G635"代表"教师与学生"，是四级类目；"G635.1"代表教师、班主任，是五级类目；"G635.11"表示的是中学教师资格考试教材。详见图 2-3-5。

图 2-3-5　国家图书馆联机公共目录查询系统——分类浏览

这个实例中，使用的是《中图法》人工编制的分类检索语言，对《教育知识与能力（中学）》这本书标引时，即给出一个类目代码 G635.11，标引系统根据这个类目代码将这本书纳入整个数据库的知识分类系统中。检索时，用户可以根据这个分类体系逐层展开，找到自己所需的类目，浏览该类目下的全部文献或做进一步检索。

从《中图法》的类目体系可以看出，分类语言建立在学科分类的基础之上，以文献信息内容所属学科的性质划分和集中文献，所有不同级别的类目层层隶属，较好地体现学科的系统性，反映文献信息的派生、隶属、平行等关系，便于检索用户从某一学科或专业角度查找文献信息，同时还便于扩大和缩小检索范围，具有较高的查全率、查准率。需要注意的是，类目代码只能作为检索标识，不能直接表达事物概念，若不熟悉《中图法》，检索时可能会产生误差，影响检索效果。

（2）主题检索语言，也称主题法、主题词表，是人工检索语言的一种，由主题词汇构成，即将自然语言中的名词术语经过规范后形成主题词，按字母顺序排列，作为文献主题标识而形成的检索语言。主题词表是供标引者和检索用户共同使用的工具，如《汉语主题词表》《医学主题词表》等。一部主题词表由字顺表、范畴表、词族表等组成。主题检索语言表达的概念比较准确，具有较好的灵活性和专指性，不同的检索系统、不同的专业领域可以有各自的主题词表。

　　主题检索语言的特点：①具有按文献主题集中文献信息的功能，直观性好、检索效率较高、检索用户较易使用；②主题检索语言系统性不及分类检索语言的系统性好，对某一学科以专业范围的文献信息做全面系统的检索比较困难。常用的主题检索语言有标题语言和叙词语言。

　　（3）代码检索语言是人工检索语言的一种，是指对信息的某一方面特征，用某种代码系统加以标引和排列的检索语言。常见的代码有国际标准书刊号、邮政编码、技术标准号、专利号、化合物的分子式、环状化合物的环系索引系统等。代码检索语言的特点是检索结果单一、检准率高，缺点是检索前必须要先知道代码检索语言。

第四节 信息检索系统与信息检索工具

一、信息检索系统

信息检索系统是完成信息采集、加工、组织、存储、管理、发布、检索等功能的服务系统。不论是传统的手工检索，还是现代的计算机检索，信息检索系统的选择与检索效果都有着直接的关系。信息检索系统由信息检索工具（包括设备）、文献信息资源和信息检索用户三部分构成，这样才能实现信息存储功能和信息检索功能。简单地说，信息检索系统既是一个信息存储系统，又是一个信息检索系统。按检索方式不同，可分为手工检索系统和计算机检索系统。

（一）手工检索系统

手工检索系统是以手工检索为主要的信息处理工具（如目录、索引、文摘等纸质工具）的信息检索系统。手工检索系统成本低，检索速度慢、效率低。最常见的就是图书馆以卡片组成的信息存储和信息检索的卡片式目录检索系统。但是，随着图书馆引进计算机管理系统，这种卡片式目录检索系统已经逐步被计算机检索系统取代。

（二）计算机检索系统

计算机检索系统是以计算机检索为主要的信息处理工具的信息检索系统。计算机检索系统效率高、速度快、范围广，检索成本也随之增高。

计算机检索原理就是利用计算机对文献信息进行收集、加工、存储以及向用户提供文献信息服务的过程。计算机检索过程一般可分为四个步骤，即信息的分析与加工、信息的存储、信息的检索、信息的提供与分发。例如对于成千上万的中小学教育的信息，人们可以利用计算机加工、处理，并将之存储于计算机的存储器内；人们还可以通过计算机进行信息检索，得到所需资料和信息。

随着计算机技术和网络通信技术的出现及快速发展，计算机检索系统同样经历了单机、联机、光盘、网络信息检索系统几个阶段。现阶段，世界各大检索系统也先后进入通信网络，联机网络和检索终端遍及世界各个国家和地区，网络上的任何一个终端都可以联机检索所有数据库的数据。

二、信息检索工具

信息检索工具是构成信息检索系统的基本要素之一，是指用于信息检索的工具，这些检索工具包括手工检索工具、机器检索工具、计算机检索工具。手工检索工具包括书本、卡片等，机器检索工具包括光盘、磁带等，计算机检索工具包括网络数据库。

这三种检索工具都可以满足不同的信息检索的需求。例如，根据信息检索学科内容，这三种检索工具都可以成为综合型检索工具和专题型检索工具；根据信息的出版形式和著录格式，这三种检索工具都可以成为检索工具和参考工具。检索工具实际是指检索工具书，参考工具实际是指参考工具书。以下仅以手工检索工具书为例，说明信息检索的检索方法。

（一）信息检索的检索工具

信息检索的检索工具书是在一次文献的基础上整理、编制出来的，是向用户提供原始文献线索的二次文献，有目录、索引、文摘等。它可以由手工检索工具、机器检索工具、计算机检索工具中的一种、两种或三种完成。

1. 目录型检索工具书

目录又称书目。目录型检索工具书是著录相关文献，报道、检索图书并指导阅读的工具书。它揭示图书或期刊的书（刊）名、卷（期）数、作者、出版年月、出版地及书（刊）收藏情况等外部特征。

2. 索引型检索工具书

索引又称通检、备检、引得。索引就是将书刊中的题名、语词、主题、人名、地名、事件及其他事物名称，分别摘录出来，按一定的方法编排，并指明出处供人检寻的检索工具书。索引型检索工具书习惯简称为索引。索引一般附在一书之后，也有以书刊的形式单独编辑成册的。

3. 文摘型检索工具书

文摘型检索工具书是以简练的形式摘取文献的主要内容，按一定著录规则与排列方式编排的检索工具书，通常不包含对原文献的补充、解释或评论。它不仅储存文献信息，而且提供文献信息的内容梗概，是系统报道、积累和检索文献的重要工具。

（二）信息检索的参考工具

信息检索的参考工具书是根据特定的需要，把某一门类或各种门类的文献信息资料按一定的编排方法汇集在一起，供人们查阅、征引的一种特定类型的图书，如字典、词（辞）典、百科全书、类书、年鉴、手册、名录、表谱等。它检索出的是文献信息本身，如查找某一名词解释、人物、事件、人名、地名等。它可以由手工检索工具、机器检索工具、计算机检索工具中的一种、两种或三种完成。

1. 字典与词典

字典是解释单字和字条的工具书；词典是解释单字和字条、词语和词条（条目）的工具书。总之，字典、词典是解释字和词语的工具书。

我国古代的字典、词典大体上可分为：（1）以字义为次序编排的词典，如《尔雅》；（2）以字形（部首）为次序编排的字书，如《说文解字》《康熙字典》；（3）以字音为次序编排的辞书，如《宋本广韵》《佩文韵府》。

我国现代的字典、词典大体上可分为：（1）语文性字典、词典（词表）；（2）知识性词典；（3）单语言字典、词典；（4）多语言字典、词典。

2. 百科全书

百科全书是以条目为单元，汇集阐述人类各种门类或某一门类知识的较完备的辞书。由于内容全面、知识系统、概述权威、体例完备，在现代工具书体系中，享有"工具书之王"的美誉。国际上通常把百科全书划分为四种类型：（1）综合性百科全书；（2）专业性百科全书；（3）国家与地区性百科全书；（4）少年儿童百科全书。代表性百科全书有《中国大百科全书》《美国百科全书》《不列颠百科全书》《科利尔百科全书》。

3. 类书

类书是中国古代特有的资料汇编，通常是辑录古籍中的某一门类或某几门类资料，按照一定的方法编排，以便检索引证的工具书。按类编排的类书有兼收各类的类书，如《艺文类聚》《玉海》《太平御览》；还有专收一类的类书，如《小名录》《职官分纪》。按韵编排或以字编排的类书有齐句尾之字的类书，如《韵海镜源》《永乐大典》《佩文韵府》；还有齐句首之字的类书，如《骈字类编》。

4. 政书

政书是记载典章制度的书，具有资料汇编的性质，因而也成为一种工具书。历代史书正史中的"志"，如天文志、地理志、礼乐志、舆服志、选举志、职官志、食货志、河渠志、兵志、刑志、艺文志等，都具有政书的性质，但材料分散。政书起源于唐代。政书的第一类是"通古今"的所谓"三通""九通""十通"，如"三通"的《通典》《通志》《文献通考》；第二类是记载典章制度的"会要"，如《唐会要》《明会要》；第三类是记载官署职掌制度的"会典"，如《唐六典》《大明会典》。

5. 丛集汇要

丛集汇要包括丛书、总集、汇编、要籍、史志等。（1）丛书。丛书是汇集多种单独的著作为一编，并冠以一个总书名的图书，如《四库全书》。（2）总集。总集是指汇辑多人诗文的文集，与汇辑个人诗文的"别集"相对。后来泛指汇辑多人某种文体或多种文体作品集。总集可分为"全集"与"选集"两种，全集如《全上古三代秦汉三国六朝文》《全唐文》《全唐诗》等，选集如《玉台新咏》《乐府诗集》《太平广记》《文苑英华》等。（3）史志。史志是指某些比较重要的正史和地方志，大都按一定体例、分门别类地记载全国或某地的政治、经济、文化、社会、地理、自然等各方面的资料，是一种综合性的资料书。史志类的资料书主要有四类：第一类是纪传体史书，如二十四史等；第二类是编年体史书，如《资治通鉴》等；第三类是纪事本末体史书，如《通鉴纪事本末》等；第四类是地方志，如《光绪顺天府志》等。

6. 年鉴

年鉴包括年刊、年报等，是汇集国家机构、政府部门、各行各业、人民团体、学术机构发展情况、统计资料，并按年度逐年出版的资料性工具书。年鉴按收录的知识范围、收录的地区范围、编撰特点可以分为多种类型。我们把这些类型的年鉴，按特点及出版情况，归纳为四类：（1）综合性年鉴；（2）专门性年鉴，包括专科性、专业性、专题性年鉴等；（3）统计性年鉴；（4）地方性年鉴。

7. 手册

手册是汇集经常需要的参考文献、参考资料或专业知识的工具书。手册的名称有很多，如指南、便览、要览、一览、必读、必备、大全等。手册内容包括各种事实和数据，如统计数字、规章条例、技术参数、图表、公式、符号等资料。手册可以分为综合性手册和专业性手册。

8. 名录

名录是提供人名、地名、机构名称等及相关信息的工具书。其中机构名录有时又称一览、概览、指南、简介等。名录按收录内容不同可分为人名录、地名录、机构名录等。

9. 表谱

表谱是以编年或表格形式记载历史年月日、历史大事、人物生卒年、职官、地理沿革等的工具书。主要包括年表、历表、年谱、字表、职官表、地理沿革表。

10. 图录

图录又称"图谱"，是以图录形式记载资料、传递知识的工具书。现代图录从内容上，大致可分为文物图录、历史图录、人物图录、艺术图录、动植物图录五类。

11. 地图

地图古称"舆图"，是运用数学计算方法和各种符号把地球表面的自然状况、社会现象的分布及相互关系按一定的法则绘制出来的图形。地图按内容可分为普通地图、专业地图和历史地图三类。

第五节 计算机信息检索技术和方法

一、计算机信息检索功能和检索技术

计算机信息检索经过半个多世纪的发展，经历了脱机批处理检索、联机检索、光盘检索、网络检索几个阶段，已经形成一套较为规范的计算机信息检索功能和检索技术。常用的计算机信息检索功能有简单检索、高级检索、专业检索、二次检索、全文检索等。常用的计算机信息检索技术有布尔逻辑运算符组配检索（简称"布尔逻辑检索"）、截词检索、检索词检索（字段限定）、位置运算符检索、加权检索等。

（一）简单检索

简单检索即检索词检索，就是在计算机检索界面输入检索词进行的检索。

计算机检索系统大都设计并固化了专门的检索界面，不同的检索系统在检索界面中提供的检索入口并不完全相同。使用计算机检索系统，首先需要根据检索界面的提示选定检索途径并输入相应的检索词，这等于是向计算机发出命令，按照指定的检索词检索数据库中存储的数据。所以，根据检索目的和已知条件正确地给定检索词，是利用计算机检索系统检索文献信息的前提条件。在现有的计算机检索系统中，检索词主要有两大类：字段词和任意词。

1. 字段词

字段词检索是利用检索词进行的简单检索技术之一。数据库（数值型数据库、事实型数据库和书目数据库）存储有大量字段，如题名字段、著者字段、主题字段、摘要字段、时间字段、语种字段等。这些字段描述和揭示文献信息的内容特征与形态特征。因此，字段词是这类数据库的检索入口。

用于描述和揭示文献信息的字段有大致的范畴，但不同数据库确定的字段也不完全相同。在计算机检索系统中，检索界面都提示出可用于检索的字段。常规检索时，只要按照检索界面的提示输入相应的字段词，就可以得到检索结果。如图 2-5-1 所示国家图书馆联机公共目录查询系统，在文字输入框内输入"文献检索"，检索方式选择"正题名"，就可以得到以"文献检索"为题名字段名的全部书目信息（705 条）。同样的文献检索，如果选择的检索方式不是"正题名"，而是"所有字段"，得到的检索结果就是数据库中以"文献检索"为字段名的所有书目信息（809 条，如图 2-5-2 所示）。

图 2-5-1　国家图书馆联机公共目录查询系统——字段词检索（正题名）

图 2-5-2　国家图书馆联机公共目录查询系统——字段词检索（所有字段）

2. 任意词

任意词检索是利用任意词进行的简单检索技术之一。

任意词就是检索词是全文数据库存储的源文献中任何具有实际意义的语词，也就是通常所说的"任意词"——自然语言系统中任意的字词、短语、短句。

任意词检索技术采用类似于印刷型工具书中语词索引的方法，对源文献中所有具有实际意义的语词都进行了标引，并利用字符串检索、逻辑检索、截词检索、位置检索等现代检索技术对标引词进行处理，因此，检索对象也是全文。相应地，得到的检索结果则是源文献中所有包括检索语词的文献。从利用的角度说，全文数据库的检索实际上是非常简单的。

一般地讲，用题名、著者、时间、语种等作为检索词，规定性比较强。使用时大致不会有什么问题，因为这类语词作为检索词时表达的自由度不大。用主题词、关键词、分类词、摘要词，以及全文数据库中的任意词作为检索词，规定性就比较弱了，因为这类语词作为检索词时表达的自由度较大。为了尽可能实现与标引词相吻合，有时就需要对这类检索词作较多的分析、比较、遴选、尝试，需要掌握超越个人联想或经验的科学方法。

（二）高级检索

高级检索即布尔逻辑检索，可以进行不同字段检索词的逻辑"与"、逻辑"或"、逻辑"非"的组配检索。

1. 布尔逻辑运算符组配检索

布尔逻辑运算符组配检索就是利用布尔逻辑运算符将检索词、代码等连接起来，表达两个概念之间的关系。图 2-5-3 是布尔逻辑的示意图。A 和 B 分别代表两个检索词，A 环和 B 环分别表示含有该词的文献的集合，阴影部分表示布尔逻辑运算后的检索结果（即命中文献）。

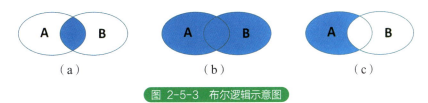

（a）　　　　　　　　（b）　　　　　　　　（c）

图 2-5-3　布尔逻辑示意图

（1）逻辑"与"。用"AND"或"*"表示，检索式写作"A　AND　B"或"A*B"，表示检索结果应同时含有检索词 A 和检索词 B 的文献信息。逻辑"与"可增强检索的专指性，有助于明确限定检索范围、提高查准率。例如用户想在题名中检索有关计算机绘图的文献，如只输入"计算机"或"绘图"，则命中文献太多，且有许多不是自己所要的文献。如果使用布尔逻辑运算符组配检索，输入"计算机 * 绘图"，则检索出篇名中同时含有"计算机"和"绘图"的文献，检索结果大大缩小（1000 余条，如图 2-5-4 所示）。

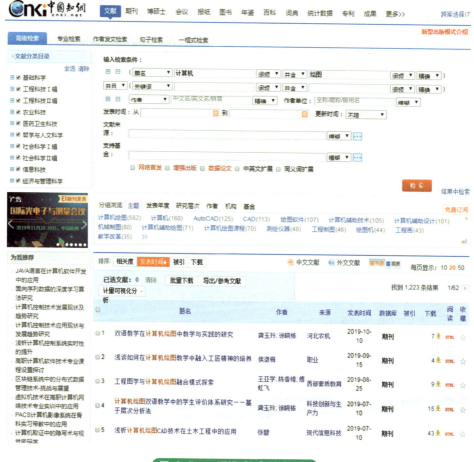

图 2-5-4　逻辑"与"检索案例

（2）逻辑"或"。用"OR"或"+"表示，检索式写作"A　OR　B"或"A + B"，表示检索结果含有检索词 A 或检索词 B，或同时含有检索词 A 和 B 的文献均为命中文献。逻辑"或"因扩大了检索范围，提高了查全率，文献命中量会增加。例如用户利用中国知网期刊全文数据库查找研究杜甫的文献，检索途径选择"篇名"，时间选择"2009 年 1 月 1 日至 2019 年 1 月 1 日"，输入检索词"杜甫"，命中 2400 多篇，如图 2-5-5 所示。但考虑到研究杜甫的文献题名中未必都出现"杜甫"两字，也可能会出现"杜诗""李杜"，于是使用布尔逻辑运算符组配检索，改用"杜甫＋杜诗＋李杜"表达式，结果命中文献增加到3300多篇，如图2-5-6所示。

图 2-5-5　检索结果示意图

图 2-5-6　逻辑"或"检索结果示意图

（3）逻辑"非"。用"NOT"或"–"表示，检索式写作"A　NOT　B"或"A–B"，表示文献中凡含有检索词A的文献中去除同时含有检索词B的文献。使用逻辑"非"可以排除不希望出现的概念，提高查准率。常用于在主题概念去除某段年份的文献、某个语种或去除某种类型（会议、期刊）的文献等情况。

例如，查找1990—2000年间发表的侯仁之先生所写的关于"北京"的文章，使用布尔逻辑运算符组配检索，检索条件"作者"和"篇名"之间是逻辑"与"关系，同时对"出版年"按要求做出限制，即可获得相应的命中文献13篇，如图2-5-7所示。

同样的道理，当要查找1990—2000年间发表的侯仁之先生所写的关于"北京"论题以外的文章，使用布尔逻辑运算符组配检索，则检索条件"作者"和"篇名"之间是逻辑"非"关系，检索结果肯定与上例不同，仅仅获得命中文献6篇，如图2-5-8所示。

中
小
学
图
书
馆
员
·
**基
本
素
养
和
基
本
技
能
系
列
丛
书**

图 2-5-7 逻辑"与"检索结果示意图

图 2-5-8 逻辑"非"检索结果示意图

布尔逻辑运算遵守数学运算法则，运算优先级为：如果有括号，括号内的逻辑运算优先执行，括号外按 NOT、AND、OR 执行。

在中文数据库里，布尔逻辑运算符有时用 AND、OR、NOT 下拉菜单形式表示，供用户选择；有时用"*"表示逻辑"与"，用"+"表示逻辑"或"，用"－"表示逻辑"非"；也有时用文字表示，如"并含""或含""不含"等。

布尔逻辑运算符组配检索是目前检索系统最常用，也是最成熟的一种检索技术，优点是简单易行，便于用户缩检和扩检。缺点是检索式的构建过于简单，不能区分检索词的重要程度，概念之间的语义联系很难准确表示，因此容易出现漏检。

2．截词检索

截词检索就是利用检索词的词干或不完整词形进行检索的方法。所谓不完整词形，就是检索词被从某一位置截断，该词的局部被用通配符号代替。在检索时，计算机根据作为检索指令的词干或不完整词形与数据库中的信息进行匹配，凡是与检索词串相匹配的部分，即为命中部分。

在现有的中文电子版检索工具中，截词的形式主要有两种：

（1）任意截断：在词的任意位置截断。其中，"前截断"的检索结果是"后方一致"，"后截断"的检索结果是"前方一致"，"前后截断"的检索结果是"任意一致"。

（2）嵌入截断：在检索词的中间嵌入截词符号。符号所代表的汉字的数量是规定的，但表达的意义是随意的。

以中国知网的中国工具书网络出版总库全文检索系统为例，其"通配符说明"功能就是采用了对检索词的截断技术。规定"通配符可放在检索词任意位置，可组合使用；通配符'?'匹配该位置上的一个字符；通配符'*'匹配该位置上的任意个字符"。如图 2-5-9 所示。

◎ 案例：通配符使用方法

①检索词"? 细胞"可检出"红细胞""白细胞"，不可检出"细胞""巨噬细胞"。

②检索词"* 细胞"可检出"红细胞""白细胞""细胞""巨噬细胞"。

③检索词"细？胞 *"可检出"细菌胞质素"。

图 2-5-9　中国工具书网络出版总库对截词技术的应用

截词检索就是用截词符号"?""、""$""*"等加在检索词的前后或中间，以检索一组概念相关或同一词根的词。凡满足这个词局部中的所有字符（串）的文献，都为命中的文献。这种检索方式可以扩大检索范围，提高查全率，避免漏检。目前，有些中文数据库使用这种技术。

截词检索的最大优点是使模糊检索成为可能。当对检索对象的了解不是很确切的时候，它能帮助我们有效地集中相关文献信息。同时，它还可以减少检索词的输入量，简化检索步骤，扩大检索范围，从而提高查全率。

（三）专业检索

专业检索是指利用计算机检索系统提供的检索语法，将各种检索条件构造成检索表达式，并将其直接输入检索框中进行检索的方法。该方法适用于查新、信息分析等工作人员使用，使用时要参看详细的语法说明。以中国知网的中国知识资源总库为例，列出的可检索字段为：

SU = 主题，	TI = 题名，	KY = 关键词，
AB = 摘要，	FT = 全文，	AU = 作者，
RP = 通讯作者，	FI = 第一责任人，	AF = 机构，
JN = 文献来源，	RF = 被引文献，	YE = 年，
FU = 基金，	CLC = 中图分类号，	SN = ISSN，
CN = 统一刊号，	IB = ISBN，	CF = 被引频次

◎ 案例：如果需要检索作者机构为北京师范大学的学者所发表的有关课程改革中与古诗词相关的论述，则需要输入"SU =（课程改革 + 古诗词）AND AF = 北京师范大学"，检索结果 134 条，如图 2-5-10 所示。

图 2-5-10 中国知网期刊库专业检索案例

（四）全文检索

全文检索是指直接对原文进行检索，从而更加深入到语言细节中去。它扩展了用户查询的自由度，使用户能对原文的所有内容进行检索，检索更直接、彻底。全文检索技术通常用于全文数据库和搜索引擎中，使用全文检索可能会提高查全率，但同样也会有很多不相关的信息出现。因此在标引工作做得比较好的数据库中，这种方法是在进行其他字段的检索后，仍无法得到满意的结果时才会使用。

（五）二次检索

二次检索又称再次检索，是对一次检索结果的再次检索。利用计算机检索系统检索文献信息时往往出现这样的情况：当选定一个检索词完成检索后，发现得到的检索结果数量太多，而且有大量文献信息的内涵外延远远超过检索需要。文献信息数量太多，文献信息内容庞杂，给用户带来了困难。二次检索就是为筛选出所需文献信息而设计的一种功能。利用二次检索，可以有效地淘汰冗余检索结果，使检索效率最大化。绝大多数计算机检索系统都拥有二次检索功能。

二次检索使用的检索词必须与前次检索的主题相关，这些检索词应当具有包含关系、下位关系、并列关系等。完全不具备上述关系的检索词，无法用于二次检索。

例如，要检索有关"教学方法"方面的文献，利用中国知网文献查询系统，检索入口选择"篇名"，以"教学方法"为检索词检索，获得88930多条记录。在这一结果中，将检索词缩小为"语文教学方法"进行二次检索，获得的记录相应地减少为3390多条。再将检索词缩小为"高中语文教学方法"，继续在上面的结果中检索，获得的记录又相应地减少为210余条。再一次将检索词缩小为"高中语文阅读教学方法"，继续在上面的结果中检索，获得的记录减少为60余条。通过反复在前次检索结果中进行二次检索，使二次检索结果数量大为减少，获得的文献更为切题。

二、信息检索的步骤和方法

本部分主要介绍通用的、基本的检索步骤和方法。

（一）信息检索的基本步骤

信息检索是检索用户根据研究课题的需要，使用一定的检索系统或是检索工具，按照一定的途径和方法，检索信息资源的过程。如图 2-5-11 所示。

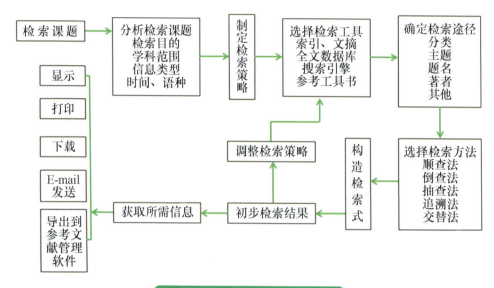

图 2-5-11　信息检索基本步骤示意图

1. 分析检索课题

在进行信息检索之前，对检索课题要进行认真的分析研究，这是实施检索中最重要的一步，也是影响检索效率高低和成败的关键。

（1）围绕检索课题，明确信息检索目的。

一般来说，信息检索的目的包括以下几种类型：

第一类信息检索的目的是需要掌握该信息的详尽资料，包括其历史、现状和发展等，如有关该信息的论文、课题、教材等资料。这类资料要求进行全面彻底的检索，检索的资料多、时间长，要尽可能使用网络数据库进行检索，以便降低检索成本。

第二类信息检索的目的是需要掌握该信息的最新资料。有这类检索目的用户，通常一直对某个课题进行跟踪研究，或从事管理工作。这样的检索目的需要检索的资源必须是更新速度较快的信息资源，如联机数据库、网络数据库、搜索引擎检索等信息资源。

第三类信息检索的目的是了解一些片段信息，解决一些具体问题。带有这类检索目的的用户比较多。例如写作时需要一些参考资料，或教师备课时需要一些数据、图表等资料。检索这类片段信息不需要查找大量资源，结果必须准确，检索必须快速，可利用数据库、网上搜索引擎等。

（2）明确检索课题的主题或主要内容。确定若干个既能代表检索课题又具有检索意义的主题概念，包括所确定几个主题概念，主题概念的专指度是否合适，哪些是主要的概念，哪些是次要的概念，概念之间的关系如何，等等。

（3）明确检索课题涉及的学科范围，搞清楚检索课题所涉及的是单一学科领域，还是跨学科领域，以便按学科领域选择信息资源。

（4）明确检索课题所需信息资源的数量、语种、年代范围、类型等具体指标。

2．制定检索策略

检索策略是信息存储人员针对信息用户的检索目的和信息需求制定的包括检索方法、途径和技巧等要素的检索策略。

3．选择检索工具

在分析检索课题的基础上，正确选择与检索课题相关的检索工具。这些检索工具包括检索系统和数据库。各种检索工具都有各自的特点，在实际工作中，用户应根据检索课题的要求和检索工具的特点，选择专业对口、信息量大、时差短、检索途径多的检索工具。除此以外，在选择检索工具时还应结合检索工具所收录文献的覆盖面、文献类型、文献学科范围、文献质量和检索功能等几方面来综合考虑。

尽管手工检索费时效率低，但目前计算机检索工具还受到某些局限，不能涵盖所有的文献信息。例如，手工参考工具书、古籍图书等方面的书籍还是要用手工检索的方法查阅。

4．确定检索途径

检索途径，就是检索入口。检索工具常用的检索途径有两类：一类是根据文献的外部特征选用的检索途径，即书名途径、著者途径等；另一类是根据文献的内容特征选用的检索途径，即分类途径、主题途径、关键词途径等。

（1）文献的外部特征检索途径。文献的外部特征包括书名、篇名、著者、国际标准书刊号、索书号等。书名途径、篇名途径用于检索书籍或文章，但书名、篇名相同的文献信息较多，一般课题检索时较少采用；著者途径可以跟踪某些专业领域的知名学者，他们的文献信息一般代表该领域的发展方向，可以集中同类型或相关领域文献；文献的固定编号包括国际标准书刊号、图书馆的索书号、排架号、标准号、专利号等，检索结果唯一，检准率高。

（2）文献的内部特征检索途径。文献的内部特征包括学科分类、主题、关键词、摘要等文献内部包含的信息。若需要集中检索某学科的文献，建议从分类检索途径入手，这样查全率高。利用主题检索途径，可获得与该主题相关的新兴学科、边缘学科和交叉学科等方面的文献信息，专指度高。

5．选择检索方法

文献信息的检索方法有顺查法、倒查法、抽查法、追溯法、交替法。

（1）顺查法。顺查法是按时间顺序，由远而近检索文献信息的方法。如已知某课题研究的起始年，现在需要了解该课题的发展过程，就可以用顺查法从最初的年代开始，逐年向近期进行检索。顺查法针对性强，漏检、误检率较低，比较适合重大课题和各学科发展历史系统检索，但工作量大。

（2）倒查法。倒查法是由近及远地逆着时间的顺序检索文献信息的方法。倒查法是科研人员最常用的方法，因为较灵活，可以根据检索到的文献信息的满意度随时终止检索。检索用户通过倒查法可以了解学科发展的最新动态，它比较适用于新课题立项前的调研或课题跟踪，检索效率较高，但容易漏检。

（3）抽查法。抽查法是针对某学科或者课题的特点，选择发展较快或发表文献最多的时间段，进行重点检索的方法。使用这种方法的前提是检索用户对于该学科或者研究课题的发展相当熟悉。

（4）追溯法。追溯法是以已知原始文献后所附的参考文献为线索，逐一扩检，追溯相关文献信息的检索方法，也称"引文法"。追溯法一般是在没有可使用的检索工具或检索工具不全，或者已知的文献线索很少的情况下使用的检索方法。追溯法的检索结果较准确，但所得到的参考文献有限，容易漏检。

（5）交替法。交替法是将追溯法和顺查法或倒查法相结合的检索方法。检索用户在检索文献信息时，先利用检索系统顺查或倒查出一批相关文献，筛选出与课题相关的文献，再按其后所附的参考文献进行追溯查找，由此获取更多有用的相关文献。

在实际检索文献信息时究竟采用哪种方法或综合哪几种方法最为合适，主要应根据检索条件、检索要求和检索背景等因素而定。

6. 构造检索式

构造检索式也称"检索提问表达式",是检索策略的具体体现,是要求检索系统执行的检索语句。最简单的构造检索式由一个检索词构成(简单检索),复杂的构造检索式由多个检索词和字段名通过关系运算符连接而成(高级检索、专业检索等)。由于各种数据库的检索系统提供的检索字段(途径)不一致,用户使用时要了解检索系统功能、方法,根据自己的检索经验,制定检索步骤,合理利用逻辑组配符、位置运算符、截词符号等制定构造检索式。

(二)调整检索策略

在实际检索过程中,检索结果不一定满足预期的检索要求,常常出现检索出的文献不是过多就是过少,甚至检索为零的情况。为达到预期的检索目的,在构造检索式时要运用一些技巧和方法。

1. 检索结果过少或过多的原因

(1)检索出的文献过少,大多由以下原因造成:

①检索系统选择不当,或数据库收录文献范围不适合检索课题。

②选择的主题词专指度过高或过于生僻。

③未考虑同义词、近义词等相关词语。

④位置运算符或字段限制符的匹配不正确。

⑤使用了错误的逻辑运算符。

⑥未使用截词符号和增补该检索词的其他形态。

(2)检出的文献过多,主要原因是:

①检索词的范围过大,使用了上位概念。

②截词过短,截去单词的过多部分增加了误检率。

③未合理使用位置运算符或字段限制符。

④错误地使用逻辑运算符。

2. 纠正检索文献过少或过多的技巧方法

如果检索结果出现了文献过少或过多,就要通过修正检索式,达到扩检和缩检的目的。

(1)扩检的方法:

①选择多个检索系统或同一检索系统的多个数据库进行重复检索,提高查

全率。

②降低检索词的专指度，选用同义词、近义词及相关词语等，有时还可选择上位词或上位类目作为检索入口。

③增加检索途径，如分类、题名、著者、时间等。

④减少限制条件，扩大检索词出现的字段范围，可用全文检索。

（2）缩检的方法：

①提高检索词的专指度，增加或换用下位词和专指性较强的检索词。

②运用逻辑"与"，用逻辑"非"排除无关检索项。

③利用检索系统提供的限定功能，增加对出版时间、文献来源、著者等外部特征的限定。

④限定检索词出现的字段范围，进行二次检索。

⑤利用加权检索，对检出结果加以控制。

（三）检索结果输出

如果检索结果满足了用户要求，可以对检索结果进行全部或有选择性输出。输出方式有多种，有显示（显示内容包括题名、作者、时间、文献来源等）、下载、复制、打印、E-mail 发送、导出到参考文献管理软件或程序等，输出形式有题录、目录、文摘、全文或自定义形式等。

（四）检索效果评价

检索效果是指用户利用检索系统或工具进行检索时产生的有效程度。信息存储人员对检索效果的评价和研究有助于改进检索系统和功能，也有助于用户在信息检索实践中提高检索技巧，改进检索效果。

用户在检索完成后，要审核检索结果，对检索结果的评价应该包括五个方面：查全率、查准率、检索时间、检索成本、用户满意度。这五个方面共同构成了检索效率的概念。检索效率高，就意味着查全率和查准率高；检索时间短，检索成本低，用户满意度也会相应提高。

检索用户要掌握基本的信息检索知识，了解各种检索系统收集的文献信息的内容和范围。检索用户还要对课题进行分析，明确所检课题信息需求的内容及范围，选择合适的检索工具，确定检索途径，正确使用检索词，根据检索结果调整检索策略，提高查全率和查准率。

■ **思考题**

1. 简述信息检索的概念。

2. 简述信息检索的原理。

3. 常用的信息检索有几种类型？

4. 什么是人工语言？人工语言主要有哪几种？

5. 什么是信息检索工具？

6. 举例说明如何使用逻辑运算符。

7. 简述信息检索的步骤。

常用中文数据库

第一节　中国知网

一、中国知网简介

中国知网，简称 CNKI，是"中国国家知识基础设施"英文 China National Knowledge Infrastructure 的缩写。

中国知网由《中国学术期刊（光盘版）》电子杂志社有限公司、同方知网数字出版技术股份有限公司、同方知网（北京）技术有限公司共同运营，迄今已成为国内数字出版与增值信息服务的领军品牌。

图 3-1-1　中国知网主页

中国知网是一个由大型综合性数字出版物、数字出版与增值信息服务网站构成的创新学习平台。其数据库产品主要提供四种服务方式：网络版（租用方式）、镜像站版、光盘版和流量计费。用户可免费检索题录库和摘要库，阅读及下载全文需付费。中国知网的数据库可提供 CAJ 和 PDF 两种文献下载格式，使用前需下载安装专用 CAJ 阅读器或 PDF 阅读器。

中国知网网址：http://www.cnki.net/。

二、中国知识资源总库简介

中国知识资源总库是中国知网的核心资源，是由系列文献资源数据库、专业知识库、知识元库以及文献知识关联链接组成的数字化知识网络系统。该系统涵盖了中国知网所有自制资源及加盟资源，是基本的源数据库，其他各种行业知识数据库大多由其衍生而来。

中国知识资源总库的资源内容丰富，包括期刊、博硕士学位论文、会议、报纸、专利、标准、成果、古籍（国学宝典）、年鉴、工具书、外文文献资源等数十个大型数据。目前累积整合出版国内外文献总量 2 亿多篇，题录 3 亿多条，统计数据 2.6 亿条，知识条目 10 亿条，图片 5000 万张，日更新数据达 24 万条。

三、中国知网检索技术

中国知网提供导航（浏览）、检索、智能辅助检索三种检索方式。

导航可以从不同的角度和途径导出（自动检索出）数据库中的相关内容，提供浏览和下载。检索有一框式检索、高级检索、专业检索、作者发文检索、句子检索等类型。智能辅助检索是通过数据库的辅助系统，发现同义词检索、查找同名作者的其他文献、智能查找某文献的相关文献等。

（一）导航系统

导航系统符合用户上网查阅浏览信息的习惯，用户只要按照导航系统的指示点击相应类目即可层层展开浏览阅读文献。导航系统包括分类导航和出版物来源导航。

1. 分类导航

又称知识导航。收录在中国知识资源总库的文献，均以中图法为基础，建立十大专辑，即基础科学、工程科技Ⅰ辑、工程科技Ⅱ辑、农业科技、医药卫生科技、哲学与人文科学、社会科学Ⅰ辑、社会科学Ⅱ辑、信息科技、经济与管理科学。10 个专辑下分为 168 个专题和近 3600 个子栏目，并给单篇文献赋予一个或多个分类号及专辑、专题号。用户使用时只需滑动鼠标即可按"专辑→专题→栏目"顺序浏览，单击栏目名称可直接检索出该栏目所包含的全部文献。

◎ 案例：检索中小学学校管理方面的研究文献。检索步骤：鼠标点击"社会科学Ⅱ→中等教育→中等教育理论→学校管理"，即可浏览中小学学校管理方面的 37000 余篇研究文献（如图 3-1-2 所示）。

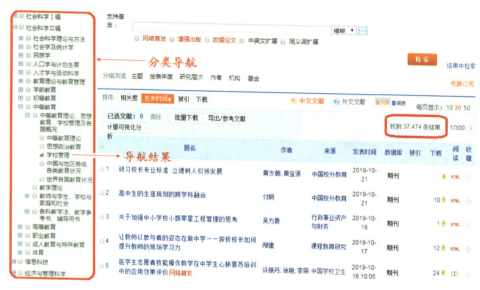

图 3-1-2 分类导航检索结果页面

2. 出版物来源导航

提供学科分类导航，包括期刊、学术辑刊、学位授予单位、会议、报纸、年鉴和工具书的导航系统。

（1）期刊导航：系统提供全部期刊，包括学术期刊、网络首发期刊、独家授权期刊、世纪期刊、个刊发行的导航标签；也可以按照期刊导航提供的学科分类、数据库刊源、主办单位、出版周期、出版地、发行系统、核心期刊等导航。选择其中一种导航，可浏览该导航下的全部期刊；选中单种期刊后，可看到该刊的出版信息，对该刊的统计评价信息（复合影响因子、综合影响因子、被引次数等），也可按期或栏目查找期刊内文章。

（2）学术辑刊导航：提供学科分类导航、核心期刊导航和主办单位导航。

（3）学位授予单位导航：提供地域导航和学科专业导航。

（4）会议导航：提供学科分类、行业、党政，国际、国内、视频集导航。

（5）报纸导航：按照报纸的级别（中央、地方）和出版周期（日报、周报、旬报等）提供导航途径。

（6）年鉴导航：提供地域、出版者、行业、学科、年鉴级别导航。

（二）检索系统

1. 检索方式

中国知网设置单库检索和跨库检索两种方式。主页默认文献跨库（学术期刊、博硕、会议、报纸）检索，系统提供 13 个文献数据库。

（1）单库检索，只对其中一个数据库的资源进行检索。设置有一框式检索、高级检索、专业检索、作者发文检索、句子检索、二次检索等。

（2）跨库检索，可同时选择多个数据库的资源进行检索，并能够在一个检索界面下完成对期刊、学位论文、报纸、会议论文等 13 个数据库的统一跨库检索。分别设置有一框式检索、高级检索、专业检索、作者发文检索、句子检索、二次检索等。如图 3-1-3 所示。

图 3-1-3　跨库检索

跨库检索时，由于各个数据库的结构不一致，系统设置的检索字段与单库检索有区别，检索结果会受其影响。

检索主页上默认的"文献"检索的可检字段：主题、关键词、篇名、全文、作者、单位、摘要、参考文献、中图分类号、文献来源。

中国学术期刊（网络版）数据库的检索字段：主题、关键词、篇名、全文、作者、单位、刊名、ISSN、CN、基金、DOI、摘要、参考文献、中图分类号、栏目信息。

中国博士学位论文全文数据库、中国优秀硕士学位论文全文数据库的可检字段：主题、关键词、题名、全文、作者、导师、第一导师、学位授予单位、摘要、目录、参考文献、中图分类号和学科专业名称。

中国重要报纸全文数据库的可检字段：主题、题名、关键词、全文、作者、报纸、中图分类号。

中国重要会议论文全文数据库的可检字段：主题、篇名、关键词、全文、作者、单位、会议名称、基金、摘要、论文集名称、参考文献、中图分类号。

跨库与单库检索均设置一框式检索与高级检索、专业检索、句子检索等，可以直接互相切换，如图 3-1-4 所示。

图 3-1-4 一框式检索与高级检索、专业检索、句子检索等切换示意图

词频：指检索词在相应检索项中出现的频次，默认为至少出现一次。

检索匹配方式：提供精确和模糊两种方式。精确检索指检索结果完全等同或包含与检索字 / 词完全相同的词语；模糊检索指检索结果包含检索字 / 词或检索词中的词素。用户根据不同字段特征分别采取按词或者按字检索，可进一步精确检索结果。

中英文扩展：由所输入的中文检索词自动扩展检索相应检索项内英文语词的一项检索控制功能。仅在选择匹配方式中的"精确"时，"中英文扩展"功能才可用。

检索页面呈现出的组合检索，图中 ➕ 和 ➖ 按钮，用来添加或者减少检索条件； ··· 按钮是扩展现有的检索内容，提供该检索内容的导航扩展。左侧是文献导航，可限定专辑专题分类。

二次检索，即"在结果中检索"。在实施一次检索后，如想对检索结果进行进一步的筛选，修改所需的检索项内容，然后单击"在结果中检索"，可进行二次检索。二次检索适用于单库及跨库检索。

2. 检索方法

打开中国知网主页，系统默认是文献检索。主页上提供一框式检索、高级检索、出版物检索三种方式，如图 3-1-5 所示。

（1）一框式检索，也称初级检索，类似搜索引擎的检索方式，用户只需输入关键词，单击检索按钮，即显示相关的检索结果。

一框式检索有三个检索入口，即文献检索、知识元检索、引文检索。知网首页默认为文献检索（包括期刊、博硕士、会议、报纸）；在"跨库选择"项中勾选数据库，可单库也可跨库，跨库有学术期刊、博硕、会议、报纸、专利、标准、成果等；检索页面提供 10 个检索字段（见跨库检索）。

图 3-1-5　检索主页

该系统有智能提示及检索建议功能。前者是指用户输入检索词时，基于用户检索日志及 CNKI 文献词库，实现对用户输入的检索词自动补全；后者是指系统能自动识别用户所输入的检索词是否与检索项对应。例如，在"文献"数据库中，检索字段为"全文"，检索词用"北京大学"检索，系统自动给出提示"查找**单位：北京大学**的文献"。如图 3-1-6 所示，检索结果呈现历史检索和下载记录。

图 3-1-6　智能检索——检索建议

主题检索：是在中国知网标引出来的主题字段及主题相关字段（篇名、关键词、全文等）中进行检索。该字段内容包含一篇文章的所有主题特征。该字段在标引过程中嵌入了专业词典、主题词表、中英对照词典、停用词表等工具，并采用关键词截断算法，将低相关或微相关文献进行截断。

篇名检索：在中文篇名、英文篇名中检索。

关键词检索：在中文关键词、英文关键词、机标关键词中检索。机标关键词是数据库根据文章内容，通过文本挖掘、知识关联，基于算法自动赋予的关键词。

摘要检索：在中文摘要、英文摘要中检索。

目录检索：在博硕论文目录中检索。

作者检索：在所刊发文章的作者中文名、英文名中检索。

单位检索：文章发表时，作者所任职的机构，在文章中规定位置出现的机构名称。

刊名检索：在中文刊名及英文刊名中检索，按纸本期刊出版时所用的名称形式。

参考文献检索：在文后所列"参考文献"中综合检索。

基金检索：用基金名称检索受各项基金项目资助的文章。

中图分类号检索：按文献所属《中国图书馆分类法》内的分类号进行检索。中国知网对收录的文献进行统一专业的人工分类，此处检索到的分类号是中国知网根据文献内容所分配的中图分类号，不是期刊文献自带的分类号。

（2）出版来源检索，系统设置了八种文献来源导航——出版来源、期刊、学术辑刊、学位授予单位、会议、报纸、年鉴和工具书，系统默认是出版来源导航，如图 3-1-7 所示。提供的检索字段分别为：

出版来源：来源名称、主办单位、出版者、ISSN、CN、ISBN。

期刊：刊名（曾用刊名）、主办单位、ISSN、CN。

学术辑刊：辑刊名称。

学位授予单位：学位授予单位名称、地区。

会议：论文集名称、会议名称、主办单位、网络出版投稿人、起止时间。

报纸：报纸名称、地区、主办单位、国内统一刊号。

年鉴：年鉴中文名、年鉴英文名、关键词、地域、主编、出版者、ISSN、CN、ISBN。

工具书：书名、出版者、作者、地区。

图 3-1-7 出版来源检索

（3）高级检索，即布尔逻辑检索，可以进行不同字段检索词的逻辑"与"、逻辑"或"、逻辑"非"的组配检索。

进入高级检索界面后，还可进行专业检索、作者发文检索、句子检索、一框式检索。其检索条件包括：检索控制条件，包括文献年限、支持基金、文献来源、文献类别、作者和单位名称等；限制检索条件包括篇名、主题、关键词、摘要、被引文献、全文和中图分类号等（如图 3-1-8 所示）。

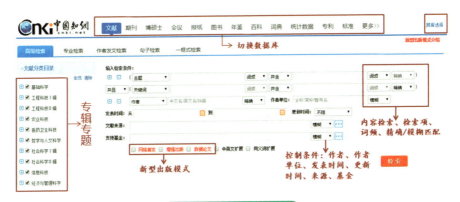

图 3-1-8 高级检索页面

（4）专业检索，是指利用数据库系统提供的检索语法，将各种检索条件构造成检索表达式，并将其直接输入到检索框中进行检索的方法。

中国知网每个库的专业检索都有说明，详细语法可以点击右侧"检索表达式语法"，或者根据检索框下方提示构建专业检索表达式。例如，在期刊库中，用户首先要明确期刊库的可检索字段有哪些，分别用什么字母来表示（见第二章第五节中的"专业检索"）。

◎ 案例：输入"SU=（'民国'+'解放前'）*（'中学'+'小学'+'中小学'+'高中'+'初中'）*（'课本'+'教材''教科书'）"，可检索到 1949 年前民国时期中小学的课本、教材的文献信息，如图 3-1-9 所示。

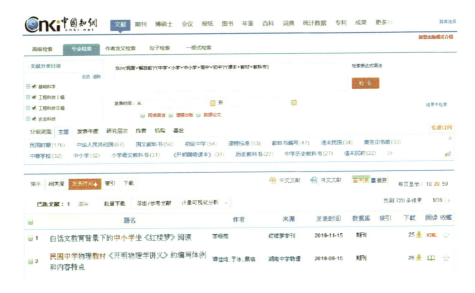

图 3-1-9 专业检索结果页面

专业检索注意事项：所有符号和英文字母都必须使用英文半角字符；"AND""OR""NOT"三种逻辑运算符的优先级相同，如要改变组合的顺序，请使用英文半角圆括号"（）"将条件括起；逻辑关系符号 [与（AND）、或（OR）、非（NOT）] 前后要空一个字节；使用"同句""同段""词频"时，需用一组西文单引号将多个检索词及其运算符括起，如'流体 # 力学'。

例如：如果需要检索作者机构为北京师范大学的专家所发表的有关课程改革中与古诗词相关的论述，则需要输入"SU =（'课程改革' + '古诗词'）AND AF ='北京师范大学'"。

（5）作者发文检索，是指通过输入作者姓名、第一作者姓名、作者单位和通讯作者检索字段，查找作者发表的所有文献，以及文献下载和被引次数等情况。使用该检索方法能全面查找某一作者发表的文献，同时还可通过对检索结果进行分组筛选，了解作者的主要研究领域、研究成果等内容，如图 3-1-10 所示。

图 3-1-10 作者发文检索页面

（6）句子检索，是指通过输入两个关键词，查找同时包含两个关键词的句子。另外，还可同时查找包含两个关键词的段落，如图 3-1-11 所示。该检索方法可让用户获取句子中包含的大量信息，检索出有关问题的答案。

图 3-1-11 句子检索页面

（三）检索结果显示及下载

检索结果可以按照摘要或列表显示，列表显示包括序号、篇名、作者、发表年／期、被引频次、下载频次等。系统默认为列表形式，默认每页显示 20 条记录，用户可根据自己的需要设定每页的显示记录数，如图 3-1-12 所示。

对得到的检索结果集合，中国知网提供九种分组筛选工具和四种评价性排序手段，帮助用户从不同角度选择需要的文献内容。如检索结果按作者单位分组，有助于查找在某领域具有优势的研究单位，便于跟踪这些研究机构的成果，全面了解研究成果在全国的分布；按文献作者分组有助于查找某领域的专家学者，跟踪这些专家学者的成果或发现新的学者的新成果。

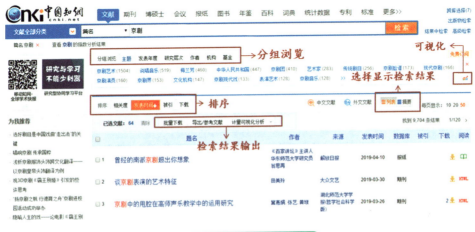

图 3-1-12 检索结果显示页面

（1）检索结果分组浏览：可分组对检索结果进行浏览，包括学科类别、期刊名称、研究资助基金、研究层次、文献作者、作者单位、文献类型、中文关键词和发表年度。

（2）检索结果排序：可按发表时间、相关度、被引频次和下载频次排序。系统默认的是按发表时间排序。

（3）检索结果输出：选定记录后，单击检索结果上方的"导出／参考文献"按钮可保存题录信息，题录输出格式包括引文、Refworks、EndNote、NoteExpress、自定义和查新等格式。系统默认的是 GB/T 7714-2015 格式引文。

（4）检索结果下载：在检索结果页面中，如文献下载栏图标显示黄色箭头 ，则需登录；如显示一把灰锁 ，则该文献没有下载权限；如显示绿色箭头 ，则可直接点击下载。点击文献名，进入知网节页面。知网现支持 HTML 阅读、CAJ 下载、PDF 下载三种阅读或下载方式。

下载：147 页码：91-94 页数：4

大小：2885K

手机阅读本文
下载安装手机APP
扫码同步阅读本文

图 3-1-13 检索结果下载页面

HTML 阅读页面，左侧为目录结构，中间为正文内容，右侧为参考文献，如图 3-1-14 所示。

图 3-1-14 HTML 阅读页面

（5）原文下载包含 PDF 和 CAJ 两种格式，其中 CAJ 格式为中国知网自创格式，使用时需下载 CAJ Viewer 阅读器。

（四）文献管理

检索用户可以对检索结果中选中的多类型多篇文献进行文献输出、分析、在线预览或生成检索报告。

四、部分行业数据库简介

（一）CNKI 中小学数字图书馆

1. 简介

在 CNKI 的知识服务体系中，CNKI 中小学数字图书馆（http:// www.cfed.

cnki.net/）为面向中小学量身打造的知识服务平台，如图 3-1-15 所示。它以数字化方式收录我国基础教育领域的期刊、博硕士论文、会议论文、报纸、动画教具、名师微课、教学案例、多媒体教辅、理化生实验室等出版资源，支持中小学校的教师教学、科研选题、论文撰写、自主学习、研究性学习、课外阅读、校本资源建设等活动，并辅助信息素养教育和信息素养课（见表 3-1-1）。

图 3-1-15　CNKI 中小学数字图书馆主页

表 3-1-1　CNKI 中小学数字图书馆收录的资源

数据库名称	文献来源	收录时间	文献量
中国基础教育期刊全文数据库	2194 种期刊	1994 年至今	1500 万条
中国基础教育重要报纸全文数据库	518 种报纸	2000 年至今	103 万条
中国基础教育优秀博硕士学位论文全文数据库	187 家院校	1999 年至今	14 万条
中国基础教育重要会议论文全文数据库	72 家单位	1999 年至今	14 万条
动画教具库			15565 件
名师微课库			22506 段
教学案例库			2991 节
多媒体教辅库			940 本
理化生实验室库			455 段

2. 检索

CNKI 中国基础教育教与学资源总库支持多种检索方式，包括快速检索、高级检索、专业检索、作者发文检索、句子检索。

CNKI 中国基础教育教与学资源总库提供两种分类导航：知识导航和文献分类导航。

（1）知识导航的栏目根据每个学科的具体知识点而设，共 18 个专辑，119 个专题，319 个知识点，主要用于辅助教学。

（2）文献分类导航针对不同的人群（机构）所关注的主题进行分类，共 12 个专辑，156 个专题，1007 个子栏目。如针对班主任有专门的班主任工作栏目，针对校长等教学管理者有教学管理栏目，结合教研人员需求设有教育教学研究与管理的栏目（包括教育研究、教育管理、教育政策法规、学校管理、德育、图书馆等），还有涉及具体学科教学的栏目，如学科教学、教师专业参考、教学科研等。

（二）CNKI 文博研学公共教育服务平台

1．平台简介

文博研学公共教育服务平台（http://wbyx.cnki.net/）是中国知网推出的文博行业社教案例展示及文物文化知识服务平台。平台将博物馆学和中小学生的学科内容及综合实践活动有机整合，内容兼顾教师、学生及博物馆社会教育人员，同时服务于中小学校开展的综合实践活动（见图 3-1-16）。

图 3-1-16　文博研学公共教育服务平台

该平台收录来自全国 144 家博物馆的优秀社教案例（以下简称案例），如故宫博物院推出的《一窗一世界——故宫里的窗》、广东省博物馆分享的《背着房子去旅行——贝类动物的世界》、内蒙古博物院具有民族特色的《阿爸的马鞍》等。平台还将优秀案例与图片、音视频、图书、文献等资料进行整合，并将多学科知识融合在同一主题内。例如中国的传统节日，除节日本身的知识外，还涉及古代建筑文化、诗词与文物、文物与艺术、与传统节日有关的科学知识等。平台提供多终端阅读，用户可以通过 PC 端、触摸屏端、手机微信端等阅读与使用这些资源（见表 3-1-2）。

表 3-1-2　文博研学公共教育服务平台收录的资源

资源类型	资源数量
期刊	705898 篇

续　表

资源类型	资源数量
博士论文	1134 篇
硕士论文	4664 篇
中国会议	2952 篇
国际会议	515 篇
报纸	8045 篇
工具书	89334 条
图书	1620 本
新闻动态	358 篇
社教案例	222 个
案例配套图片	5155 张
案例配套视频	216 个
案例配套音频	38 个

2．平台特点

（1）平台设计6个板块：首页、教育案例、文献资源、社教资讯、文博导师、关于我们。每个板块下分若干个专题，例如，文献资源板块有传统节庆、古代建筑、认知国粹、诗词文物、科普探索、文博专题、百科百问、图书阅读8个文物文化专题（见图3-1-17）。

（2）知识导航栏设置9个专辑：传统节庆、古代建筑、认知国粹、诗词文物、科普探索、文博专题、百科百问、社教资讯、文博导师。9个专辑又细化为429个专题。

（3）一框式检索字段词限制提供文献、案例、图书、期刊、博士、硕士、会议、工具书、资讯。

首页　　教育案例　　**文献资源**　　社教资讯　　文博导师　　关于我们

您当前位置是：**首页** > 文献资源

传统节庆　古代建筑　认知国粹　诗词文物　科普探索　文博专题　百科百问　图书阅读

端午节从何而来　悬艾　挂菖蒲　赛龙舟　佩香囊　端午食粽　饮雄黄酒　祭祀人文始祖

端午节是古老的传统节日，始于中国的春秋战国时期，至今已有2000多年历史。端午节的由来与传说很多。一种认为是源于纪念屈原。据《史记·屈原贾生列传》记载，屈原是春秋时期楚怀王的大臣。他倡导举贤授能，富国强兵，力主联齐抗秦，遭到贵族子兰等人的强烈反对，屈原遭谗去职，被逐出都城，流放到沅、湘流域。他在流放中，写下了忧国忧民的《离骚》、《天问》、《九歌》等不朽诗篇，独具风貌，影响深远（因而，端午节也称诗人节）。公元前278年，秦军攻破楚国京都。屈原眼看自己的祖国被侵略，心如刀割，但是始终不忍舍弃自己的祖国，于

看看更多 >

图 3-1-17　文献资源板块

3．检索方法

在平台首页填写用户名和密码，点击登录即可（或 IP 登录）。点击页面上设置的栏目名称，就可进入各个板块或专题页面。

平台提供导航和检索两种检索方法。

（1）导航。检索主页左边设有"文献视角"导航，包含传统节庆、古代建筑、诗词文物、文博专题、百科百问。如用鼠标点击"诗词文物"，即可看到文物的内容，还可看到文物里的诗词。

（2）检索。系统设置一框式检索、高级检索和知识元检索。一框式检索、高级检索、知识元检索方法同期刊检索。

4．检索结果呈现

检索结果提供列表和摘要两种呈现形式，系统默认的是摘要形式。

（三）CNKI 大成编客

1．简介

CNKI 大成编客（http://bianke.cnki.net/）是中国知网出品的"编创出版＋知识服务"平台。大成编客意为中国知网上编书布道的集大成者。CNKI 大成编客为每一位编客创建专属的编创空间，提供全流程、自助式、智能化的作品编创平台，提供对 CNKI 资源及原创资源的检索与筛选、上传与发布、分类与管理、汇编与创作、合成与阅读的"知网书"编创与"讲座"发布服务（见图 3-1-18）。

图 3-1-18　CNKI 大成编客主页

CNKI 大成编客建立了平台、编者、读者、作者、出版者各方"内容共创，收益共享"的共创共赢模式，对学术文献资源重组利用、对知识服务的产业化具有重要意义。

2. 提供的服务内容

平台内可以实现文献资源汇编、原创作品发布，同时支持添加音视频等多媒体素材。可以个人编创发布，也可以多人共同编创发布（见图 3-1-19）。

图 3-1-19　在 CNKI 大成编客发布讲座

（1）作品汇编创作。编客可以在 CNKI 数据库中遴选文献汇编创作，亦可将 CNKI 文献及自己的原创文章合编创作一部作品。

（2）原创作品发布。编客可以将自己已经创作完成的整本原创作品上传发布。

（3）多人协同编创。平台支持创建编委会、多人分角色协同编创，编客可实时在线协同研讨，共建共享素材库，共创作品。

（4）讲座发布服务。平台提供图文讲座、音频讲座、视频讲座、PPT讲座、图集讲座五大讲座发布形式，满足编客课堂实录、习题讲解、专题讲座、经典诵读、作品讲评等丰富多样的讲座发布需求。

关于如何利用大成编客平台编创作品、发布讲座，请扫描二维码。

五、特色功能

（一）知网节

知网节是指中国国家知识基础设施工程数据库知识网络中提供单篇文献详细信息和扩展信息的浏览页面。它以一篇文献作为节点，提供文献的题录摘要和知识元、参考文献、引文网络、相似文献、读者推荐、作者、机构等扩展信息，支持扩展信息的链接和分类导航，通过概念相关、事实相关等方法揭示知识之间的关联关系，具有支持知识获取、学习、发现和管理的强大功能，是单篇文献各种扩展信息的入口汇聚点和相关知识信息的链接点。

知网节主要包括文献知网节、作者知网节、机构知网节、学科知网节、基金知网节、关键词知网节、出版物知网节。这些知网节按照一定规则将知识信息载体（包括出版物、作者、机构、关键词等）的特征链接关联整合起来，构成一张描述知识信息的网络，如图 3-1-20 所示。

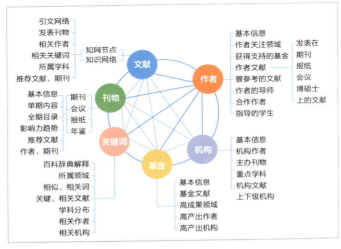

图 3-1-20　知网节示意图

（二）学术趋势

学术趋势是依托于中国知识资源总库中的海量文献和众多用户的使用情况提供的学术趋势分析服务。学术趋势包括学术关注度和用户关注度两个指标。

学术关注度是以中国知识资源总库中与关键词最相关的文献数量为基础，统计关键词作为文献主题出现的次数，形成的学术界对某一学术领域关注度的量化表示。通过该指标，用户可以知道他所在的研究领域随着时间的变化被学术界关注的情况，以及有哪些经典文章在影响着学术发展的潮流。

用户关注度是以用户在中国知识资源总库系列数据库中下载文章的数量为基础，统计关键词作为主题的文章被下载的次数，形成的用户对某一学术领域关注度的量化表示。通过该指标，用户可以知道在相关领域不同时间段内哪些重要文献被最多的同行所研读。

（三）手机知网

中国知网目前已开通手机知网，设置了期刊大全、数据透视、文萃博览、品得书院、大成编客、学科分类、文献检索、文章定制、行业情报、人气榜10个板块，每个板块下又设置若干个栏目。

手机知网 APP 图标：📱。手机知网 APP 下载方式如图 3-1-21 所示。

图 3-1-21 手机知网 APP 下载方式示意图

70

第二节 万方数据中小学数字图书馆

一、万方数据中小学数字图书馆简介

万方数据中小学数字图书馆（http://edu.wanfangdata.com.cn/，以下简称万方数据），是一款专门针对中小学教、学、研、应用的数字资源产品，主要为全国中小学教师、教研人员和学生提供"一站式"教育教学资源服务。它的最大特点是利用万方数据公司自主开发的知识链接技术，将信息技术与学科课程整合，围绕学科知识点，实现微课、期刊文献、视频、试题、教案等多种异构资源相互关联，使用方便。除此以外，万方数据收录课外阅读数字资源，并提供多终端阅读，用户可以通过 PC 端、触摸屏端、手机微信端等多终端阅读与使用这些资源。

表 3-2-1 万方数据中小学数字图书馆收录的资源情况

序号	名称	数量
1	基础教育期刊全文数据库	期刊 2500 余种（其中核心期刊 720 余种）全文 1400 万篇以上
2	基础教育学位论文全文数据库	16 万余篇
3	基础教育会议论文全文数据库	3 万余篇
4	基础教育专题数据库	400 余个
5	基础教育图书数据库	10000 多册
6	基础教育微课数据库	4000 余部

序号	名称	数量
7	基础教育视频数据库	14000 余部
8	有声绘本数据	2200 余部
9	试卷数据库	8400 多份
10	在线组卷系统	110 多万道题
11	科普视界数据库	2300 余部

万方数据有如下特色：

（1）资源类型多样，涵盖与基础教育领域紧密相关的近十类资源。

（2）数据量大，更新速度快。资源总量达到 1400 万条，每年新增各种数据数十万条。

（3）检索便捷，使用方便。设置了简单检索、高级检索，专题、学科、地区等多种浏览方式。

（4）独有的异构资源关联技术。基于学科知识点，将微课、教研文献、同步视频、教辅材料及试题等进行关联，呈现的结果可集中展示与推送，方便教师的教学与学生的学习。

（5）系统具有在线组卷功能。

二、万方数据检索方式

万方数据对文献的组织，如分类、主题设置等方面突出基础教育的行业特点，在检索方式的设置上兼顾师生对网络资源的使用习惯。

（一）检索方式

万方数据提供"检索"和"导航"两种检索方法。

1. 检索

在万方数据主页上有一框式检索、高级检索、专业模式检索三种检索方式，系统默认的是一框式检索。

（1）一框式检索。在检索框中输入需要检索的关键词，点击检索，即可显示检索结果，如图 3-2-1 所示。

图 3-2-1　一框式检索页面

（2）二次检索。通过在检索结果页面上增加或调整检索条件，如标题、作者、关键字、年限字段进行限定，可缩小检索范围，如图 3-2-2 所示。

图 3-2-2　二次检索页面

（3）高级检索。单击万方数据平台主页中的高级检索链接，可进入高级检索页面，如图 3-2-3 所示。在高级检索页面，可同时选择多个检索条件，输入相对应的检索词；各检索词之间用布尔逻辑运算符相连；可用模糊或精确模式指定检索词和数据库记录的匹配；在高级检索页面左侧还要勾选数据库类型。利用这种检索方法，查询结果冗余少，命中率高。

图 3-2-3　高级检索页面

（4）专业模式检索。用户在专业模式检索页面中设置的检索条件后面的框中输入相对应的检索词，同时选择各项检索限定条件，如发表或出版日期、被引次数、论文类别、检索结果排序等，即可得到检索结果。这种检索方式只适用于文章类型的资源，如期刊、会议、学位论文。如图 3-2-4 所示。

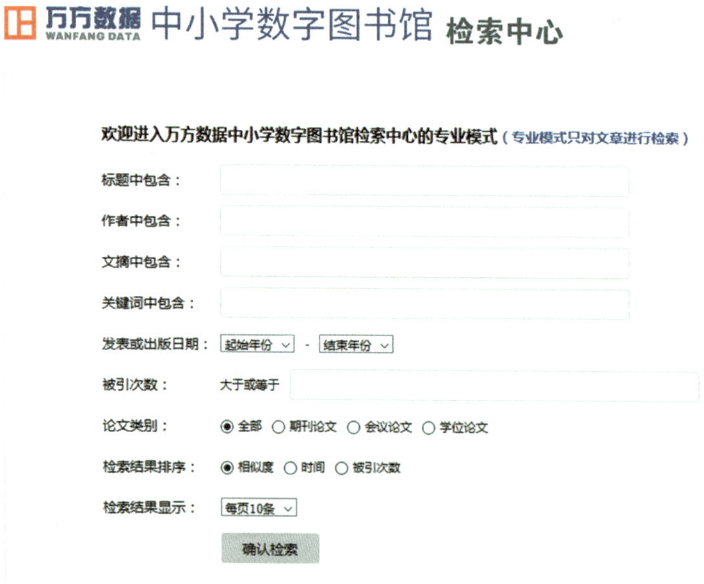

图 3-2-4　专业模式检索页面

2．导航浏览

万方数据设置主题导航、学科导航、地区导航、试卷类型导航、首字母导航等浏览方式，如图 3-2-5 所示。

图 3-2-5 导航浏览页面

（二）检索结果处理

检索结果可自动聚类，通过智能排序算法呈现出与用户最相关、最新的资源，如图 3-2-6 所示。

图 3-2-6 检索结果页面

三、万方数据使用举例

◎ 举例1：要做情境教学与初中生语文素养培育关系方面的课题研究，想查找一些文献作为参考

方法一：利用一框式检索查找

在万方数据中小学数字图书馆主页右上角的检索框中输入"情境教学 – 初中生语文素养"，然后点击"🔍"，有 11 条结果被检索出来，如图 3-2-7 所示。

图 3-2-7 "情境教学 – 初中生语文素养"检索结果页面

如果只想要这 11 条检索结果中 2017 年以后的结果，则可以利用系统提供的二次检索功能作进一步检索筛选，即在"开始年"检索框中输入"2017"，然后点击"在结果中检索"，则检索出 3 条符合要求的结果，如图 3-2-8 所示。

方法二：利用高级检索查找

在万方数据中小学数字图书馆主页右上角的检索区点击"高级检索"按钮，进入高级检索页面。系统默认在期刊论文、学位论文和会议论文三类资源中检索，如果用户只想查找期刊论文，则可以将学位论文、会议论文前的勾选去掉。

我们在第一行的检索框中输入"情境教学"，在第二行的检索框中输入"初中生"，在第三行的检索框中输入"语文素养"，这三个检索词之间的逻辑关系，我们都选择"与"，点击"确认检索"按钮，共检索出 11 条结果，其中 9 条是期刊论文，2 条是学位论文。

1. 通过情境教学培养初中生语文素养

◎ 阅读　　⬇ 下载　　♥ 收藏

当代教育改革的发展趋向是培养学生的核心素养,其主阵地在学科的课堂教学,方法是依据建构主义学习理论,创设合适的课堂教学情境,把学习者看作是信息加工的主体,帮助并促进学生达到认知目的.

[期刊论文] 中学教学参考 -2017年13期- 王建家

关键词　　初中语文　　情境教学　　培养素养

2. 情境教学法在初中写作中的融合运用

◎ 阅读　　⬇ 下载　　♥ 收藏

初中生的语文写作水平是体现学生语文素养的重要尺度,在初中语文教学中不可忽视这一部分,它是初中语文学习的关键,可以通过初中语文写作训练,培养学生的观察能力、想象能力、自主思维能力,并在情境教学法的融合运用之...

[期刊论文] 语文教学与研究（大众版）-2017年4期- 高妍妍

3. 初中语文教学渗透传统文化教育的研究

◎ 阅读　　⬇ 下载　　♥ 收藏

随着经济全球化的发展,多元文化浪潮席卷全球,世界上国与国之间在文化软实力上的竞争日趋激烈,中华传统文化的认同与传承正面临冲击,如何更好地传承中华优秀传统文化,进行中华民族优秀传统文化教育,已成为新时期...

[学位论文] 硕士 - 卢夏夏 - 学科教学 语文 - 2017 - 广西师范大学

关键词　　初中语文　　传统文化　　古诗文教学　　课程标准　　教学手段

图 3-2-8　"情境教学—初中生语文素养"二次检索结果页面

方法三：利用专业模式查找

　　在万方数据中小学数字图书馆主页右上角的检索区点击"专业模式"，进入专业模式检索页面。在"关键词中包含"后面的检索框中输入"情境教学 – 初中生 – 语文素养"，然后点击"确认检索"，共有 7 条结果被检索出来，其中 6 条是期刊论文，1 条是学位论文，如图 3-2-9 所示。

万方数据 WANFANG DATA 中小学数字图书馆 检索中心

欢迎进入万方数据中小学数字图书馆检索中心的专业模式（专业模式只对文章进行检索）

标题中包含：

作者中包含：

文摘中包含：

关键词中包含：　情境教学 初中生 语文素养

发表或出版日期：　起始年份 ▼ － 结束年份 ▼

被引次数：　大于或等于

论文类别：　◉ 全部　◯ 期刊论文　◯ 会议论文　◯ 学位论文

检索结果排序：　◉ 相似度　◯ 时间　◯ 被引次数

检索结果显示：　每页10条 ▼

确认检索

图 3-2-9 "情境教学－初中生语文素养"专业模式检索页面

◎ 举例 2：查找初中数学中"实数"的微课

方法：利用微课栏目中目录导航查找

（1）进入微课栏目页面，点选学段中的"初中"及学科中的"数学"，左下方的目录就变换为初中数学的了。（2）点选目录中的"第1部分　有理数"下的"实数"，右侧就会展现与"实数"有关的微课，如图 3-2-10 所示。（3）选择某一个微课，可以观看这一微课，也可以查阅相关教研文献、相关教学视频、相关专题知识点教辅内容，如图 3-2-11 所示。

图 3-2-10　微课栏目中目录导航检索"微课"

图 3-2-11　与微课内容相关的其他类型文献显示

第三节　超星

一、读秀知识库搜索

（一）读秀知识库简介

读秀知识库是超星公司所属中文图书资源组成的知识库系统，它以超过300万种中文图书资源为基础，为用户提供书目和全文检索、文献试读以及通过 E-mail 获取文献资源，是一个知识搜索及文献服务平台。读秀知识库由北京世纪读秀技术有限公司提供技术支持，搜索页面如图 3-3-1 所示。

图 3-3-1　读秀知识库搜索页面

（二）读秀知识库特点

（1）信息量大，种类齐全。读秀学术搜索提供知识、图书、期刊、学位论文、会议论文、音视频、专利、标准、案例等搜索频道，涵盖的学术资料类型多，内容丰富。通过读秀学术搜索，能够获得相关检索点的学术资料，避免反复查找，节省时间。

（2）整合各类资源，用户可以快速获取需要的文献信息。读秀知识库最大特点是将本馆（注：本馆即读者所在中小学图书馆，下同）已有的纸质图书和电子图书、读秀知识库资源以及各种异构数字资源整合到统一平台。用户检索时，可以直接获取本馆内与之相关的纸质图书书目信息、超星数字图书馆内的电子图书全文及读秀知识库所辖各频道的文献资源内容，无需再对各种资源逐一登录检索。只要在基本检索框内输入任何一个检索词，会同时得到与检索词相关的人物、事件、概念、图片、视频、图书、报刊、学位及会议论文、网页等多方面、多角度的文献信息。

图书检索结果提供到章节、全文，部分页提供试读及文献传递服务。

（三）读秀知识库检索方法

读秀知识库提供基本检索、高级检索两种检索模式，提供知识搜索、图书搜索、专业搜索、分类导航等检索方法。系统默认为基本检索。

1. 基本检索

用户登录读秀知识库（http://www.duxiu.com），首页呈现的是基本检索页面。用户只需在检索框内输入需要查找的关键词，即可在读秀提供的图书、期刊、报纸、音视频等多个频道中搜索（系统默认为"知识频道"）。

2. 高级检索

读秀知识库仅对图书、期刊、报纸、学位论文及会议论文频道提供高级检索模式。高级检索可以限定多个检索条件，使检索更加精确，如图3-3-2所示。

高级检索使用方法：点击图书频道首页检索框右侧的"高级搜索"链接，进入图书高级搜索页面。这里提供书名、作者、主题词、出版社、ISBN、分类、年代等多个检索项，读者根据需要完成一个或多个检索项的填写，还可以对检索结果显示的条数进行选择。完成之后点击"高级搜索"按钮即可。

中文图书高级搜索 ∨　　切换至专业搜索

书名：	包含 ▼		要搜索的图书书名
作者：			要搜索的图书作者
主题词：			要搜索的图书主题词
出版社：			要搜索的图书出版社
ISBN：			要搜索的图书ISBN，最少匹配长度为10
分类：	全部分类 ▼		要搜索的图书分类
中图分类号：			要搜索的图书的中图分类号
年代：	请选择 ▼ 至 请先选择开始年代 ▼		要搜索的图书出版年代
搜索结果显示条数：	每页显示10条 ▼		选择搜索结果显示的条数

高级搜索

图 3-3-2　高级检索页面

3．知识搜索

知识搜索是在文献资源的全文中检索。它的主要功能是"聚类"，把分散在多种文献资源中的与检索词相对应的知识点（章节内容）整合在检索结果中，方便用户收集和查找需要的文献资源。例如：查找有关"中小学数字图书馆建设"的文献，可以进行如下操作：

第一步：在读秀首页选择知识频道，输入"中小学数字图书馆建设"，点击搜索按钮，进入搜索结果页面，如图 3-3-3 所示。在此建议输入多个检索词进行检索，以便快速准确地命中目标。

第二步：浏览搜索结果页面，选择需要的章节，点击标题链接进入阅读页面，如图 3-3-4 所示。

第三步：在阅读页面可对全文内容进行翻页、放大、缩小、文字提取、查看本页来源等操作。

点击文字提取按钮，在阅读页面点击鼠标左键，可将整页的文字转化为文本格式，然后进行复制、粘贴引用；也可以使用文字摘录功能，按住鼠标左键，拖动鼠标，选择摘录区域，对一段文字进行摘录；还可以点击"本页来源"按钮，查看该知识点内容的来源。

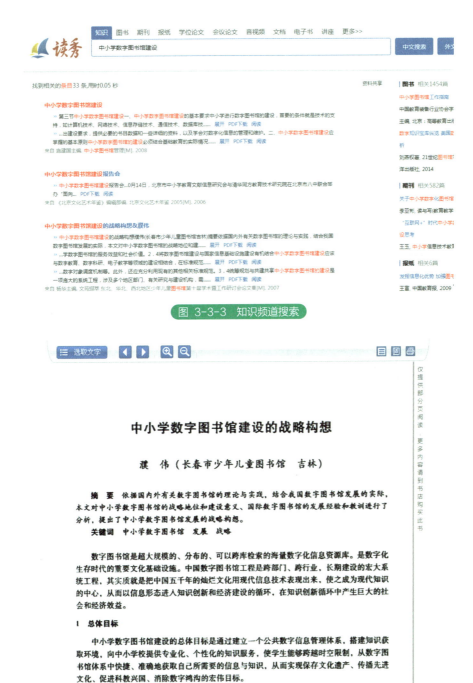

图 3-3-3　知识频道搜索

中小学数字图书馆建设的战略构想

濮　伟（长春市少年儿童图书馆　吉林）

摘　要　依据国内外有关数字图书馆的理论与实践，结合我国数字图书馆发展的实际，本文对中小学数字图书馆的战略地位和建设意义、国际数字图书馆的发展经验和教训进行了分析，提出了中小学数字图书馆发展的战略构想。
关键词　中小学数字图书馆　发展　战略

数字图书馆是超大规模的、分布的、可以跨库检索的海量数字化信息资源库。是数字化生存时代的重要文化基础设施。中国数字图书馆工程是跨部门、跨行业、长期建设的宏大系统工程，其实质就是把中国五千年的灿烂文化用现代信息技术表现出来，使之成为现代知识的中心，从而以信息形态进入知识创新和经济建设的循环，在知识创新循环中产生巨大的社会和经济效益。

1　总体目标

中小学数字图书馆建设的总体目标是通过建立一个公共数字信息管理体系，搭建知识获取环境，向中小学校提供专业化、个性化的知识服务，使学生能够跨越时空限制，从数字图书馆体系中快捷、准确地获取自己所需要的信息与知识，从而实现保存文化遗产、传播先进文化、促进科教兴国、消除数字鸿沟的宏伟目标。

图 3-3-4　阅读需要章节

第四步：如果需要把资源下载到本地使用，可以点击阅读页面的保存按钮"🖫"或检索结果页面的按钮"**PDF下载**"，进入下载页面。在下载链接上点击鼠标右键，选择"目标另存为"可完成对该章节进行下载。

4. 读秀图书搜索

读秀图书搜索频道能为用户查找图书，针对找到的图书提供该书的详细信息——书名、作者、出版社、出版时间、ISBN、分类号、主题词，书名页、版权页、前言页、目录页、部分正文页在线试读，并可同时获取本馆藏纸本书借阅信息。例如，在北京市第八中学图书馆检索系统页面，点击"本馆馆藏纸书"，进入文献服务机构馆藏书目查询系统，查看该本纸质图书的借阅情况。此外，还提供阅读电子书全文、文献传递、按需印刷、网上书店购买、推荐图书馆购买等服务。

读秀图书搜索频道提供基本搜索、高级搜索、专业搜索、分类浏览四种搜索方法。

（1）基本搜索。在读秀检索主页上选择图书频道，检索框下方提供全部字段、书名、作者、主题词等检索字段，用户可以根据需要选择检索字段，并在检索框内输入相对应的关键词。完成之后点击"中文搜索"搜索中文图书，或点击"外文搜索"搜索外文图书。

（2）高级搜索。可参见本节读秀知识库检索方法"高级检索"。

（3）专业搜索。在检索主页选择图书频道，进入检索页面，点击"专业搜索"进入专业检索页面。按照检索框下方的说明使用即可。

（4）分类浏览。在读秀图书频道检索页面，检索框右边设置图书"分类导航"链接，点击"分类导航"进入图书导航页面，可以看到按照中国图书馆分类法设置的分类，如图 3-3-5 所示。

图 3-3-5 读秀图书频道分类浏览页面

（四）图书引证报告

点击读秀首页"图书引证报告"（如图 3-3-6 所示）进入图书被引用情况索引页。在此可以查看被引用次数较多的图书出版年分布情况、类别分布情况、作者和被引次数多的图书。

图书引证报告　关于读秀　常见问题　使用帮助　联系我们

图 3-3-6　图书引证报告页面

在图书的详细信息页面，显示该书的被引用指数、被引用次数以及部分引用图书列表，如图 3-3-7 所示。

读秀 中文学术搜索　www.duxiu.com　　　　　　　　　　读秀图书被引用情况索引页

引用报告 CITING REPORT

图书被引用情况报告 (2018)　　　　　　　　　　2018 北京世纪读秀技术有限公司发布

本报告的目的是便于大家观察和了解图书的被引用情况，为图书和作者的权威性评价提供必不可少的重要依据。

基本结论：被引用图书共计 1906968 种，占全部被考察图书的 25.79%。

数据基础：被考察图书包括自 1900 年 1 月 1 日至 2018 年 7 月 31 日发行且书目数据符合分析条件的 7394527 种中文图书，引用图书包括自 1900 年 1 月 1 日至 2018 年 7 月 31 日发行且全文数据符合分析条件的 4153156 种中文图书。

概念说明：A 图书引用了 B 图书，则 A 图书为引用图书，B 图书为被引用图书。

统计方法：在引用报告中仔细核对被引用图书的书名、作者、出版年信息，核对正确则计入统计中。有被引用种数和引用次数两种指标，前者主要用于评价作者的权威性和用于考察年代、学科的分布，后者主要用于评价某种具体图书的权威性。

图书引用报告分类　　　　　　　　　　　　　　**图书被引用情况报告补充说明**

 被引用图书的出版年分布　　 被引图书的类别分布　　 部分被引图书多的作者

 部分被引次数多的图书　　 被引图书种数多的出版社

关于读秀 | 用户评价 | 常见问题 | 使用帮助 | 联系我们 | 使用感受　客服电话：4008236966
读秀 Copyright ©2019· powered by duxiu

图 3-3-7　读秀图书被引用情况索引页

（五）获得图书

进入图书检索结果页面，可以看到三栏，中间一栏就是检索结果的图书列表。采取如下步骤可获取需要的图书：

第一步：在检索到的图书列表中进行二次检索。在搜索框中再次输入关键词，点击搜索按钮后方的"在结果中搜索"；也可以使用左侧的"聚类"功能，按图书类型、年代、学科、作者显示图书；还可以在右侧选择将图书按照时间降序、时间升序、访问量、收藏量、引用量、电子馆藏等进行排序，如图 3-3-8 所示。

例如，要进一步查找 2017 年出版的关于文化、科学、教育、体育类的图书，并希望按照时间降序排列，则点击年代下方的"2017"，点击学科下方的"文化、科学、教育、体育"，在排序菜单中选择"时间降序"，就可以得到符合条件的检索结果列表。

图 3-3-8　二次检索页面

第二步，选择需要的图书。如果在检索结果页面可以直接找到自己想要的图书，则可以跳过第一步，直接进行第二步。找到需要的图书，如《与图书馆交朋友　中小学生图书馆信息素养活动手册》，点击图书封面或书名，即可进入图书的详细信息（书目）及阅读（正文试读）功能页面状态，深入了解图书内容，如图 3-3-9 所示。

第三步，查看图书详细信息。在图书详细信息页面，可以看到图书详细信息——作者、出版社、出版日期、ISBN、主题词、中图法分类号等。读秀还提供了图书的书名页、版权页、前言页、目录页、正文部分页等20页以内在线试读，如图 3-3-10 所示。

图 3-3-9 检索结果页面

与图书馆交朋友 中小学生图书馆信息素养活动手册

作 者：孙刚

出版发行：上海：上海教育出版社，2017.04

ISBN号：978-7-5444-7428-3

页 数：179

原书定价：78.00

主题词：中小学-学校图书馆-图书馆工作-手册

中图法分类号：G41（文化、科学、教育、体育->教育->思想政治教育、德育）

内容提要：由孙刚主编的《与图书馆交朋友(中小学图书馆信息素养活动手册)》根据内容的深浅分为"基础篇"和"提高篇"，两篇均分为图书馆利用、文献利用、报纸期刊利用、数字资源利用和学会阅读五个部分。《手册》的知识内容和活动设计以教育部第三部委颁布的《关于加强新时期中小学图书馆建设与应用工作的意见》为依据。每个部分根据掌握学生年龄的认知水平和实践能力来安排活动，让学生通过了解图书、期刊、网络、图书馆利用和阅读指导的相关知识与方法，并在实践的基础上形成利用这些信息资源的行为习惯，正确掌握技能，进而内化为自己终身学习的能力。

参考文献格式：孙刚.与图书馆交朋友 中小学生图书馆信息素养活动手册[M].上海：上海教育出版社，2017.04.

[部分阅读] [图书馆文献传递]

图 3-3-10 图书的详细信息

　　第四步，申请"图书馆文献传递"。对超星拥有版权、本馆已入藏的电子图书，可以直接阅读全文（可在线阅读或使用超星下载阅读）；本馆未入藏的电子图书可以通过图书馆参考咨询服务中心获取。文献传递提供版权范围内的部分全文，同一本书单次文献传递不超过 50 页，一周累计文献传递量不超过整本书的 20%，文献传递有效期为 20 天（超过 20 天，用户邮箱中文献传递的链接失效）。

　　具体方法：点击"图书馆文献传递"按钮，进入图书馆参考咨询服务中心，如图 3-3-11 所示。在这里填写想要获取的书正文的页码范围，并正确填写电子邮箱地址和验证码，然后点击"确认提交"。文献传递系统会在 12 小时内将所需的图书内容发到用户邮箱（只提供用户需要的部分内容，不提供全书的复制和传递）；用户登录个人邮箱，便可在线阅读所需的图书内容。

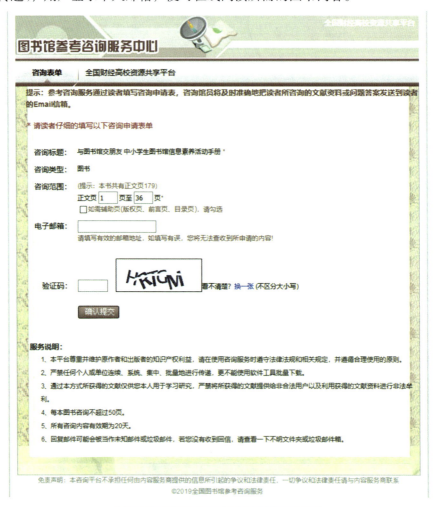

图 3-3-11　图书馆参考咨询服务中心页面

二、超星发现系统

（一）概述

知识发现系统以知识挖掘和数据分析为基础，通过现代技术手段将资源整合、知识发现、信息推送融为一体，实现知识价值再造。[①] 目前，国内基于文献资源数据库的知识发现系统主要有"超星发现系统""中国学术搜索""智立方发现系统"以及"学知搜索"等。

超星发现系统（http://www.chaoxing.com/）是北京超星公司研发的、目前国内应用最广的中文知识发现系统之一，具有知识挖掘和情报分析功能。它以海量元数据为基础，利用数据存储、资源整合、知识挖掘、数据分析、文献计量学模型等相关技术，进行复杂异构数据库的集成整合，实现高效、精准、统一的学术资源搜索。

（二）检索技术

超星发现系统提供基本检索、高级检索、分面检索和智能辅助检索四种检索方式。为满足专业研究人员的检索需求，还提供二次检索和专业检索。

1. 基本检索

基本检索即通过单一检索框，对篇名、作者、出处、主题词、摘要等字段进行统一检索。检索结果支持二次检索，效果类似于将两个关键词用空格连接，即检 A，二次检索 B，类似于检索 "A　B"。

图书馆　　　　　　　　　　　　　　　　　　　　　　　检索　　高级检索

图 3-3-12　超星发现系统检索主页

2. 高级检索

高级检索支持六种字段、"非"与"或"三种逻辑运算符及"模糊"和"精确"两种匹配模式，还可以限定语种、文献类型、ISSN/ISBN、年份等。

3. 分面检索

系统提供文献类型、学科分类、核心（重要）期刊、时间（年份）四个分面功能。（1）文献类型分面，提供基于图书、期刊等12个内容类型的分面筛

---

① 选自刘江玲《面向大数据的知识发现系统研究》，《情报科学》2014 年第 3 期。

选，支持各种类型的多项选择；（2）学科分类分面，严格遵循《中国图书馆分类法》的分类体系和标准，同时支持二级分类；（3）核心（重要）期刊分面，提供 SCI、EI、CSSCI 等 6 种重要期刊筛选类别，同时支持各种类别的多项选择；（4）时间（年份）分面，将检索结果按照 9 个类别进行汇聚，支持自定义起止年份查询，支持各种时间段的多项选择。见图 3-3-14。

除了上述四种分面功能外，还提供作者、作者机构、关键词、刊种、地区、基金、精炼检索等更多分面检索。

◎ **举例：关于检索"儿童发展研究"2018 年的相关期刊文章**

（1）输入关键词"儿童发展研究"。

（2）选择内容类型分面，勾选"期刊"。

（3）选择年份分面，勾选"2018"。

（4）点击确定，即可筛选出相关文章，如图 3-3-13 所示。

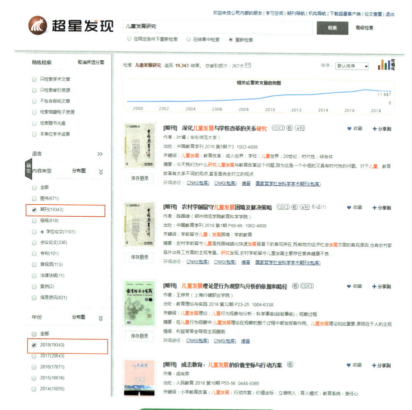

图 3-3-13 分面检索图示

4．智能辅助检索

系统支持部分学名、别名与俗称的智能检索，例如检索"初等教育"时，系统会同时检索"初级教育""中小学教育"（如图 3-3-14 所示）；支持英文单复数的智能检索，例如检索"library"，系统同时会检索"libraries"；还支持简称与全称的智能检索，例如检索"北大"，系统会同时检索"北京大学"。除此以外，系统还提供作者智能识别功能，如检索"莫言"时，系统会自动提示"只检索作者"，方便用户对检索途径进行限定。

图 3-3-14 智能辅助检索页面

5．专业检索

用户可以通过类似"QK（T＝移动图书馆 | K＝系统）| NP（T＝移动图书馆 | K＝掌上图书馆）*（2000＜Y＜2013）"这样的检索式进行专业检索。[①]

（三）检索结果排序

系统提供七种可供选择的排序方式，如馆藏优先、学术性、相关性、出版日期等。

（四）数据挖掘

系统提供相关搜索、趋势研究、多主题对比、参考引证分析功能。

---

① 选自覃燕梅《百度学术搜索与超星发现系统比较分析及评价》，《现代情报》2016 年第 36 卷第 3 期。

1. 相关搜索

系统支持知识的关联图谱。可视化图谱中包含知识与知识、知识与人、知识与机构的关联，并按相关性从近至远分布，同时在右侧提供了与检索主题相关的文献。

◎ 举例：检索"中小学教育"，点击"可视化"入口，即可查看知识关联图等，如图 3-3-15 所示。

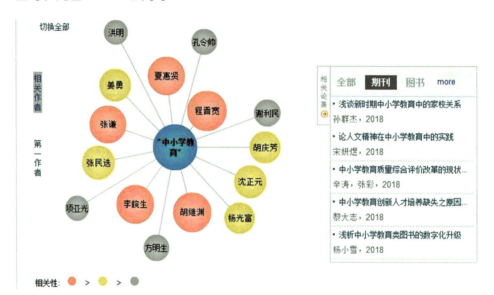

图 3-3-15　知识关联图页面

2. 参考引证分析

系统拥有图书参考引证分析功能，同时支持期刊、学位论文、会议论文之间的立体引用分析，还可以查看其共引以及同被引文献，并且可以显示出其参考引证的关系图，如图 3-3-16 所示。

（五）全文获取

系统在"获得途径"处提供万方、知网、维普等电子资源供应商名称，同时提供"邮箱接收全文"的文献传递获取方式，用户点击链接可直接进入相应的数据库文摘页面进行在线阅读全文或下载。

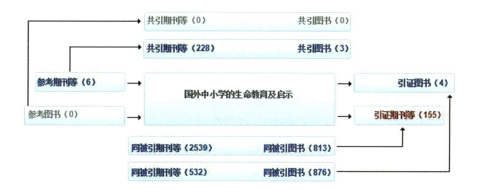

参考文献与引证文献：　　　　　　　　　　　　　　　　　展开趋势图

引证的期刊论文等列表　　　　　　　　　　　　　　　1 2 3 4 5 下一页

[1] 许溪.农村学校体育教学中渗透生命教育的研究——以湘潭县中学为例[D].湖南师范大学,2016

[2] 李玉红.在生物教学中渗透生命教育[D].华中师范大学,2008

[3] 王雪兰.初中"思想品德"教科书中生命教育的研究：以人教版2004年教科书为例[D].首都师范大学,2008

[4] 林艳."生命的成长"生命教育课程设计与实施效果研究[D].广西大学,2015

图 3-3-16　参考引证分析页面

三、超星图书馆移动信息服务

（一）概述

图书馆的移动信息服务，指图书馆依托移动终端设备以无线的方式提供阅读、查询等信息服务。[①]

移动 APP 是集资源、平台和社交为一体，以各种移动终端智能系统为基础，为用户提供具有优质体验感的移动服务。[②]

超星图书馆移动信息服务（以下简称"移动服务"）系统是基于移动终端（APP）和 4G 网络，以移动无线通信网络为支撑，实现数字信息资源和用户

[①]　宋恩梅、袁琳《移动的书海：国内移动图书馆现状及发展趋势》，《中国图书馆学报》2010年第 5 期。

[②]　井春兰《基于 4G 网络技术下的图书馆 APP 移动服务研究》，《图书馆学研究》2015 年第 13 期。

需求的无缝链接。它是数字图书馆的一个分支，具备数字图书馆的一般特征，同时还具备"可移动"的特征。用户可以通过手中的智能手机、平板电脑等来浏览、下载、阅读和分享数字资源。

（二）移动服务客户端功能

手机客户端配备嵌入式的元数据整合搜索引擎，并且把其中一个内容模块——馆藏书目——实现与 OPAC 系统的衔接。

（三）移动服务内容

1. 超星图书馆馆藏书目查询

可查询本馆纸本资源的基本情况，便于用户对本馆资源进行查询、预约、续借等操作。操作步骤:（1）点击首页"馆藏查询"模块，进入馆藏书目查询页面;（2）输入关键词进入检索结果页;（3）点击一本图书，进入馆藏书目详细页，查看馆藏分布、书刊状态等信息，还可以进行图书的预约。馆藏查询还可以通过条码扫描的方式（对准图书的条码），或手动输入 ISBN 号查看图书的馆藏状态。

2. 学术资源查询

学术资源界面分为图书、章节、期刊、报纸、视频、论文六个模块。图书频道功能介绍:（1）在首页输入检索词进行检索。检索结果页面提供图书的全文阅读及下载。（2）选择一本图书，进入图书卡片页，提供多种获取资源的方式（阅读全文、下载到书架、文献传递等）。（3）点击阅读，可以对某一页添加标签、批注、查看章节、调节亮度等。（4）下载的图书直接储存到我的书架中，下载完成后，可直接从书架中阅读。（5）图书频道首页提供热门图书的推荐阅读。

3. 阅读交流社区服务

系统包含即时通信和小组社区功能。通过小组进行阅读活动，通过群聊发起阅读讨论、分享阅读笔记等，有助于形成社交阅读，推广阅读活动。

（四）移动服务特点

1. 基于元数据的一站式检索

系统充分运用元数据技术深度整合各类信息资源，包括各类图书、期刊、专利和学术论文等，可实现移动终端一站式信息服务。

2．丰富的信息资源

系统有 3 万多种适合手机阅读的电子读物以及报纸等。

3．云服务共享

该系统已并入云服务体系，用户享有随时通过邮件接收电子书或期刊等文献传递服务。

4．RSS 订阅服务

移动服务为用户提供个性化的阅读体验，对系统内的文献信息资源设置数十个频道，如电子书、报刊、视频等，方便用户访问。

（五）移动服务检索方法

移动服务为用户提供统一的检索界面和统一的检索语言，对多种资源可实现跨库检索，如图 3-3-17 所示。

图 3-3-17 超星图书馆移动服务

元数据搜索：搜索元数据仓储中已经收割预处理好的元数据，搜索结果无重复。对于同一篇文章被多家数据厂商收入各自数据库的情况，检索结果列出该篇文章所属的数据厂商列表，便于用户收集和了解信息。

全文检索：用户可在移动终端中对文献内容进行全文检索。该系统可对 8 亿页文献资料实现全文检索，方便用户使用。

快速检索：类似搜索引擎式检索。用户在检索框内输入检索词，即可获得检索结果。该系统还提供二次检索及多种排序功能。

资源导航：可通过字顺列表、主题分类等检索方式，检索需要了解的各种数字资源。

语义分析：系统提供对用户输入文本框的关键词进行智能化的语义分析，使得检索结果更加接近用户原始的检索需求。

第四节　中文在线数字图书馆

一、概述

中文在线"中小学数字图书馆"（http://chineseall.digitallib.com/）是教育部"十五"规划重点课题专题项目"中小学数字图书馆建设研究"的研究成果，是专门针对中小学校需求而量身定做的数字图书馆。该项目由中央教育科学研究所教育信息研究中心与清华大学、中文在线共同承担，2002年正式启动，2003年4月推出第一阶段成果，包括数字图书馆应用管理平台和基础藏书数据库。2006年，该项目被列入"十一五"规划课题范围，继续开展持续性的建设研究。

图 3-4-1　中文在线数字图书馆主页

数据库收录数字资源超过 100 万种, 内容包括图书、音视频、多媒体资源等, 其中适合中小学生阅读的数字图书约 5 万册。在数字阅读方面提供: (1) 移动阅读, 内容包括 "中文书城" "书香云阅" "微书房" "汤圆创作" 等; (2) 互联网阅读, 主要有 "17k 小说网" "书香中国" 等; (3) "书香中国——互联网数字图书馆" 已开通 "书香首图" "书香宁夏" "书香荆楚" 等省市服务和 "书香清华" "书香人大" "书香川大" 等高校服务。除此之外, 还提供将数字作品纸质出版、数字作品改编成影视剧、数字作品改编成游戏等服务。

二、检索技术

系统提供普通检索、中图法检索、图书高级检索三种检索技术。

（一）普通检索

进入主页后, 系统默认为普通检索, 如图 3-4-2 所示, 同时提供全部、书名、作者、出版社、ISBN、视听资源、校本资源七种检索途径。用户可选择一种检索途径（系统默认 "全部"）, 在检索框中输入关键字, 在数字图书馆系统中检索。

图 3-4-2 普通检索页面

（二）中图法检索

在检索主页上单击 "中图法检索", 其检索页面如图 3-4-3 所示。中文在线数字图书馆按中图法分类排列, 用户可以逐层点击分类进行过滤, 点击借阅即可进行阅读。

| 普通检索 | 中图法检索 | 图书高级检索 | 全文检索 |

A	B	C	D	E	F	G	H
I	J	K	N	O	P	Q	R
S	T	U	V	X	Z

图 3-4-3　中图法检索页面

（三）图书高级检索

在检索主页单击"图书高级检索"，用户可通过关键字、书名、作者、出版社、ISBN 多种检索条件，以及"包含""不包含"的逻辑关系，进行多种组合检索，精确查找自己所需的资源。如图 3-4-4 所示。

图 3-4-4　图书高级检索页面

（四）全文检索

在检索主页单击"全文检索"，输入检索关键字，即可在数字图书馆内进行全文检索。检索结果页面如图 3-4-5 所示。

首页　　图书资源　　视听资源　　本馆讯息　　读书活动　　校本资源　　我的图书馆

知之

提交

支持通配符 ? 和 * ；? ：匹配单个字，例如：李敬?母，可以匹配：李敬老母，李敬老母；* ：匹配多个字，例如：李敬*母，可以匹配：李敬了父母，李敬父母，李敬了贾母等等。

在图书全文中检索 "知之" ，检索到 84 条结果

'，你写的是别字。"服务员瞪了他一说："得了吧，'别'字还有个立刀旁儿呢？"服务员措用文字不懂装懂，令人好笑。疯狂提示：孔子老先生早就跟我们说过：知之为知之，不知为不知"，可有的人就是不听，大概 他从没读到这句话吧。 此小节中举的是反例，不过我们可以有意借错别字来制造幽默。 幽 默 幽 默
《全口才》 第 140 页

；3，喜欢一题多解，有时甚至还能提出独特的见解；4，不愿受习惯的约束，独立工作能力较强；5，富于幻想，爱别出心裁，搞点小聪明，奇花样；6，幽默、有丰富的想象力；7，不怕与众不同，喜欢强烈的刺激；8，敢于对现状提出质疑，能大胆提出自己的建议；9，具有较强的直觉能力，对环境敏感；10．自尊心较强，能有自知之明；11．能正确评价自己，心胸较宽
一分钟学习法 第 112 页

）而进，待其44过半，一击可擒也。"布曰："吾屯濮阳，别有良谋，汝岂知之！"遂不用 陈宫之言，而用薛兰守兖州而行。曹操兵行至泰山险路，郭嘉曰："且不可 进，恐此处有伏兵。"曹操笑曰："吕布无谋之辈，故教薛兰守兖州，自 往濮阳，安得此处有埋伏耶？教曹仁领一军围兖州，吾进兵濮阳，速攻吕 布。"陈宫闻曹兵至近，乃献计曰："今曹兵远来疲困，利在速战，不可养
三国演义 第 73 页

图 3-4-5 全文检索结果页面

（五）检索结果

检索结果显示信息如图 3-4-6 所示。

图 3-4-6 检索结果显示信息

第五节　方正 Apabi 数字图书馆

一、北京方正阿帕比（Apabi）简介

北京方正阿帕比技术有限公司（以下简称"阿帕比"）是北大方正集团旗下专业的数字出版技术及产品提供商。2008 年，阿帕比推出了中国中小学"学与教"精品资源库。该资源库是一款针对中小学教育教学及教育科学研究应用的数字资源产品，主要为全国中小学教师、教研人员和学生提供"一站式"教育教学资源服务。其最大特点是利用方正数据公司自主开发的 DRM 技术（内容数字版权加密保护技术），持续性更新海量资源，为学生提供对应年级、对应课程、对应知识点的资源服务（图书、音视频、图片等）。

二、方正 Apabi 数字图书馆特点

（1）方正 Apabi 数字图书馆内的电子图书以新书居多。阿帕比与多家出版社、报社合作，直接取得电子资源的信息网络传播权，从源头解决更新和版权问题，资源以每年 50000 种的数量递增。

（2）阿帕比应用 DRM 技术及曲线显示技术，可设置图书馆电子图书的借还期限、使用手续等，如图 3-5-1 所示。

（3）方正 Apabi 数字图书馆系统提供全面检索、全文检索、批量操作、推荐图书、多样统计分析、读者身份注册等功能。

（4）硬件环境要求低。方正 Apabi 数字图书馆提供在线阅读并可下载到各终端，支持阅览室方案，实现了与图书馆自动化管理系统的双向对接。阿帕比的电子图书采用《中图法》分类，提供电子图书的 MARC 数据和书目元数据，

便于图书馆的进一步深化标引和进行相关资源的链接。用户可以从图书馆自动化系统中查找电子图书，也可以直接跳转到方正 Apabi 数字图书馆中。在电子图书页面，用户可以查找图书馆印刷型图书的情况，并可以跳转到图书馆自动化系统中，查找印刷型图书的相关信息（如图 3-5-2 所示）。

图 3-5-1 电子图书的借还期限

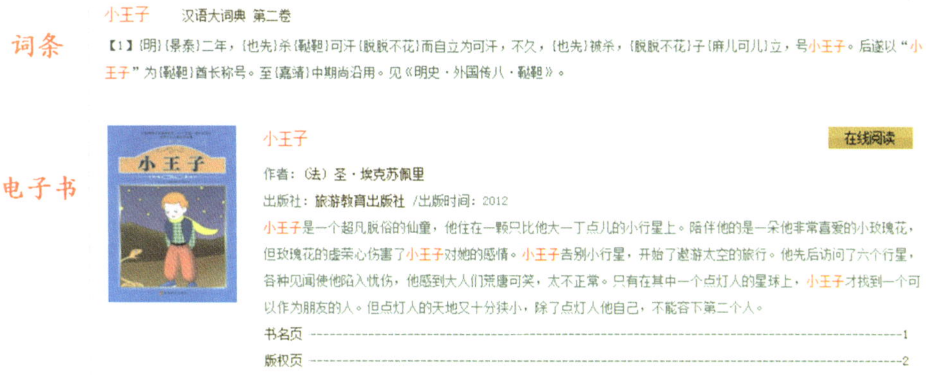

图 3-5-2 检索界面

三、阿帕比检索技术

方正 Apabi 数字图书馆提供快速检索、高级检索（如图 3-5-3 所示）、全文检索、二次检索等检索方式。

| 高级检索 | 电子图书 | 数字报纸 | 工具书库 | 年鉴库 | 图片库 |

中华数字书苑 ＞ 高级检索 ＞ 电子图书　　　　　　　　　　　　　　　资源荐购

电子图书　　出版机构　　作者人物　　参考文献

　　　　　　　　　　书名　▼
AND ▼　　作者　▼
AND ▼　　出版社 ▼
AND ▼　　ISBN ▼
AND ▼　　目录　▼

出版时间

○ ___ 📅 之前
○ ___ 📅 与 ___ 📅 之间
○ ___ 📅 之后

检索

图 3-5-3　高级检索界面

　　阿帕比的智搜全文检索技术支持布尔检索、短语检索、临近检索、模糊检索、通配符检索、范围检索、前缀检索、距离检索、权重检索，支持简繁体、拼音扩展检索，支持同义、近义等相关词扩展检索，支持过滤器和权限控制，支持结果的排序和分组，支持结果多类别分布统计、分布式索引等。

第六节　知好乐课程资源中心

一、简介

知好乐教育科技集团有限公司是在原清华同方教育技术研究院的业务基础上成立的高新技术企业，专注于学科教学应用服务、智慧教室、智慧校园及区域智慧教育业务。

图 3-6-1　知好乐课程资源中心首页

知好乐课程资源中心（http://z.tfedu.net/）最突出的特点是资源与学科课程内容的紧密结合。它是集教师备课和授课、教育教学研究、学校校本资源建设于一体的信息化教学资源建设与应用服务平台，并提供多终端使用，用户可以通过 PC、PAD、手机、大屏等多终端浏览和使用这些资源。

二、资源内容

知好乐课程资源中心结合学科信息化教学的需要和先进的软件开发技术，建有动画教具库、名师微课库、教学案例库、教学素材库、多媒体教辅库、理化生实验室等。

1. 动画教具库

动画教具库以突破学科教学难点、透析教学重点、优化教学过程为目的，针对交互式课堂教学活动而设计，融教学专家的教学经验与科学动态模拟技术于一体，是支持教师探究或教学和学生自主探究学习的新一代教学工具。

2. 名师微课库

名师微课库是由知好乐教育研究院各学科教学专家精心设计、一线教学名师主讲的微课程库。内容涵盖初高中语文、数学、英语、物理、化学、生物、历史、地理等学科的主干知识点，既有同步教学，又有中高考辅导，既支持学生的自主学习，又支持教师的教学参考。

3. 教学素材库

教学素材库包括文本、图片、声频、视频等多媒体教学素材，以及教学设计、教案、学案、课件、试题、教学论文、学科内容拓展等教学参考资料，是教师制作教案、学案和课件的素材仓库。

4. 教学案例库

教学案例库汇编中国教育学会、中国教育技术协会以及各地教育学会和教研部门组织的各学科教学观摩大赛的优秀案例，全国教育科学课题的获奖案例以及《中国多媒体与网络教学学报》中的优秀案例。案例内容包括课堂实录、说课、学生作品，以及教学设计、课件、点评、反思等多种资料，是教师进行教学研究的经典资源。

5. 多媒体教辅库

多媒体教辅库按照纸质书的编辑体例和多媒体嵌入技术形式，用动态思维导图、动画学具、互动练习、名师视频、文本、图表等与教材知识点相结合，形成可人机交互阅读的立体化的多媒体教辅电子书。

6. 理化生实验室

理化生实验室是由资深专家亲自指导并监制，由经验丰富的实验老师规范操作、准确讲解的实验视频库，内容涵盖初高中物理、化学、生物的所有演示实验、学生实验及探究实验。

表 3-6-1 知好乐课程资源中心服务平台收录资源

资源名称	学段	资源数量
动画教具库	小学	2900 件
	初中	2800 件
	高中	4900 件
名师同步微课	初中	500 小时
	高中	1000 小时
名师微课库	初中	130 小时
	高中	700 小时
教学素材库	小学	20 余万件
	初中	27 万余件
	高中	22 万余件
教学案例库	小学	310 节
	初中	330 节
	高中	800 节
多媒体教辅库	初中	400 多本
	高中	500 多本
理化生实验室	初中	230 余段，700 余分钟
	高中	200 余段，600 余分钟

三、检索方法

"知好乐课程资源中心"平台支持知识导航和主题检索两种检索方式。

知识导航：选择学段、学科、教材版本及章节，然后选择"动画教具库"，即可筛选出本章或本节下的所有动画资源。

主题检索：通过资源列表上方的搜索工具，输入主题词，即可实现跨库检索。

图 3-6-2　通过导航方式或检索方式查找资源

四、使用方法

1. 备课

找到需要的资源后，可直接点击资源缩略图或资源标题在线浏览，也可直接下载到本地使用或者将资源加入"备课夹"（如图 3-6-3 所示）。

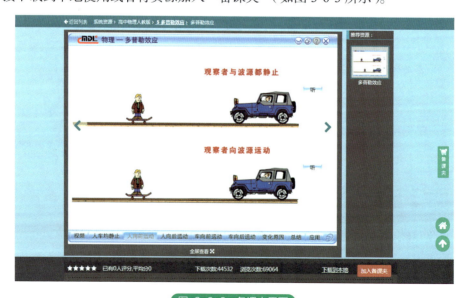

图 3-6-3　备课夹界面

2．授课

在线授课：进入"备课夹"，教师点击"在线授课"按钮可进行在线授课。通过右侧的资源列表或左右轮播按钮可实现资源间的切换。

离线授课：进入"备课夹"，教师点击"打包下载"按钮可将备课夹资源下载到本地使用。

3．上传资源

上传本地资源：进入"个人中心"页面，点击"上传资源"按钮，即可将本地资源上传至课程资源中心。

设置资源属性：教师上传资源后，还需设置资源属性，如资源类型、学科、学段、教材、目录节点以及选择共享范围，并且填写关键词以及资源介绍。

4．共享资源

利用课程资源中心平台可优化整合本地数字化资源，管理师生日常生成性资源和引进的专业资源，创建具有区（校）特色的课程资源，建立资源的优胜劣汰机制，既保证教学资源的常用常新，又有效促进资源的共建共享。

教师可对上传的资源进行共享范围设置，可选择"仅自己可见""本校可见"或"本区可见"。选定之后就可以在对应的"校本资源""区本资源"列表中看到共享的资源。

■ **思考题**

1．检索钱学森院士发表的论文情况。

2．分别利用中国知网中小学数字图书馆和万方中小学数字图书馆检索课题：新时期中小学图书馆。

3．利用读秀学术搜索引擎、中文在线数字图书馆及方正 Apabi 数字图书馆查找有关图书馆专业的图书。

4．利用知好乐课程资源中心平台查找高中物理动画教具。

5．利用中国知网大成编客平台汇编文献资料（自选主题）。

馆藏目录查询

第一节 概述

一、馆藏目录概念与用途

馆藏目录，是揭示、识别、检索图书馆入藏文献的工具。它揭示馆藏文献特征，提供识别馆藏文献的依据，从馆藏文献的题名、著者、主题和分类等方面指引检索的途径，并标识馆藏文献在图书馆的典藏位置（书库、书架）。中小学图书馆的馆藏目录主要有图书目录（书目）、期刊目录、报纸目录、视听资料目录等。

馆藏目录主要有两方面用途：一是供读者使用。读者需要查阅某种文献时，首先通过图书馆的馆藏目录查找，如果本馆缺藏，可通过其他图书馆的馆藏目录查找。二是供图书馆员使用。馆藏目录是文献采访（查重、查缺）、发布新书通报、编制阅读推荐书目、参考咨询、保管典藏等工作必不可少的工具。

二、馆藏目录载体类型

1. 传统的馆藏目录

主要有两类，一是书本式目录，二是卡片式目录。书本式目录的优点是可以大量印制，广泛传播，便于携带；缺点是不能及时反映新入藏的文献。卡片式目录的优点是可以随编随用，及时反映新入藏的文献；缺点是体积较大，不便挪动，读者要到图书馆才能使用，而且翻检卡片十分费时。

2. 机读目录

随着计算机技术的发展，机读目录（MARC）应运而出。机读目录是机器可读目录（Machine-Readable Catalogue）的简称，即利用计算机识读和处理的目录。它是文献编目内容（数据）经过计算机处理，以代码形式记载在一定载体上而形成的一种目录。它的载体是磁盘、磁带或光盘。机读目录的发展大体经历了三个阶段：一是仅供馆内使用的机读目录；二是以光盘等形式批量生产、发行的机读目录；三是网上的馆藏机读目录，即联机公共目录查询系统。

机读目录是图书馆书目数据处理自动化的基础。机读目录的功能：（1）辅助图书馆的文献采集、编目、流通等工作；（2）编制和生产目录卡片、联合目录、新书通报、目录索引等；（3）开展书目信息检索和参考咨询服务；（4）进行国家和地区间的书目信息交换、实现资源共享等。

美国国会图书馆于1965年首先开始研制机读目录，并于1981年将全部馆藏文献的目录转化为机读目录形式，取代了原来的卡片目录。此后，英国、德国、法国、加拿大、丹麦、意大利等20多个国家和地区陆续进行机读目录的研发和开发，建立了机读目录系统，生产并发行机读目录产品。1977年国际图联（国际图书馆协会联合会）主持制定了《国际机读目录格式》（UNIMARC）。我国国家图书馆（1998年12月前称北京图书馆）于1987年开始中国机读目录的开发工作，1991年1月正式发行机读目录。目前，我国的公共图书馆、高校图书馆等已普遍使用机读目录，部分中小学图书馆也开始使用机读目录。

三、联机公共目录查询系统

联机公共目录查询系统（Online Public Access Catalogue，简写为OPAC），是集采访、编目、流通管理等为一体的图书馆自动化集成系统的一个重要组成部分，是图书馆自动化系统直接面对读者的一个重要服务窗口。

OPAC是20世纪70年代末由美国一些大学图书馆和公共图书馆共同开发的，供读者查询馆藏数据的联机检索系统。我国高校图书馆及公共图书馆于20世纪90年代开始陆续使用这种技术，目前这一技术已趋于成熟。

现有的OPAC系统提供题名、责任者、主题词、分类号、索书号、ISBN/ISSN号和丛书名等字段的检索服务，有些OPAC系统还支持布尔逻辑检索、模糊检索等高级检索功能，具有对文献类型、文献语种、文献年代和馆藏地点等限制检索功能。目录数据的显示可以是详细/简单显示、字段列表式显示、机读格式显示等多种形式，检索结果可按文献年代、题名和责任者等以升序或降序排列，有些系统还提供线上帮助检索功能等。按收录的文献类型，OPAC可分为图书目录、期刊目录；按反映入藏单位的多少，OPAC又可分为馆藏目录查询系统和联合目录查询系统。

第二节　馆藏书目查询系统

馆藏目录只反映一所图书馆馆藏的全部文献的目录或部分文献的目录，可供用户（读者）了解图书馆的馆藏情况以及馆藏文献内容。用户（读者）检索图书馆的 OPAC，只需登录图书馆的主页，进入"馆藏资源"或"馆藏目录"栏目，即可查询图书馆书目记录，获得所需文献信息（以纸本信息为主，兼顾其他类型的相关信息）。馆藏目录按入藏单位，可分为高校图书馆馆藏目录、中小学图书馆馆藏目录、公共图书馆馆藏目录等。我们重点介绍中小学图书馆馆藏目录和公共图书馆馆藏目录。

一、中小学图书馆书目检索系统

目前中小学校图书馆使用的书目检索系统，比较规范的有深圳科图的图书馆自动化集成系统（ILAS）、北京丹程软件有限公司的图书馆集成管理系统（DataTrans）、北京金盘鹏图软件技术有限公司的金盘图书馆集成管理系统（GDLIS XP）、江苏南京汇文信息技术中心的汇文 LIBS 系统、大连博菲特信息技术开发中心研制的博菲特系统、北京清大新洋科技有限公司开发的图书馆自动化系统软件（GLIS）等。本节以北京清大新洋科技有限公司开发的图书馆自动化系统软件（GLIS）为例，介绍学校图书馆书目检索系统的应用。

（一）GLIS 图书系统概述

北京清大新洋科技有限公司（以下简称"清大新洋"）的前身是成立于1992 年的北京息洋电子信息技术研究所，依托清华大学的技术优势，专门从事图书馆自动化系统软件的开发及推广工作。

清大新洋开发的图书馆自动化系统软件（以下简称'GLIS 图书系统'）使

用下列标准：ANSI/NISO Z39.XX，ISO 10160, 10161，中国机读目录格式标准，中国机读规范格式标准，以及 MARC 21 Format for Bibliographic Data、MARC 21 Format for Authority File Data [CNMARC/USMARC/CMARC（ISO2709）] 数据格式。

书目及连续出版物著录使用《国际标准书目著录（ISBD）》和《中国文献著录标准（GB3792）》；书目条码按照中国图书馆行业条码标准（Code 39）、Anglo-American Cataloging Rules, AACR-2 英美编目条例；使用中国文献著录规则和西文文献著录规则。

GLIS 系统是目前采用 Browser/Server（浏览器 / 服务器）体系结构的软件产品，专门用于各类型图书馆或资料室，以实现信息化管理。该系统只需安装在局域网的服务器上，不必在客户端安装专用软件，就可以实现图书馆内部的采购、编目、流通等业务，通过 Z39.50 通信协议实现联合编目、馆际互借、多类型数据库处理、读者网上查询等功能，并提供交互服务、数据服务等诸多个性化服务。

（二）GLIS 图书系统检索技术

GLIS 图书系统提供检索和分类浏览两种检索方式，支持关键字搜索及全文检索，通过分面过滤技术，满足读者从不同途径、不同角度查询馆藏文献资源的需求。

GLIS 图书检索系统公网检索地址是 http://ser.infosea.com.cn:8070/opac/，如图 4-2-1 所示。

图 4-2-1　GLIS 图书检索系统检索页面

1. 检索

GLIS 图书系统提供简单检索、多库检索、高级检索、分类浏览四种检索方式，用户可以利用导航栏，根据需要进行切换。系统默认的是简单检索。

（1）简单检索：简单检索是最普通的查询文献的方式，在"检索途径"下拉菜单中，选择不同的检索项，可以实现题名、责任者、主题、索书号、ISBN/ISSN 等途径的检索，如图 4-2-2 所示。

图 4-2-2　简单检索页面

（2）高级检索：提供更多的检索字段，包括书名、作者、主题词、关键词、ISBN、分类等。高级检索支持布尔逻辑检索、截断检索和精确检索。如图 4-2-3 所示。

图 4-2-3　高级检索页面

高级检索条件说明：

类型：表示文献种类，下拉菜单设置了中文图书、西文图书、中文期刊、西文期刊等文献类型。

条件 1：表示检索途径，下拉菜单有书名、ISBN、作者、主题词、分类等。

条件 2：表示查询模式，系统设置了前方匹配和中间匹配两种模式。前方匹配是指用户输入的检索词与记录字段内容前面的字符相同。例如，在查询类型中选择"书名"，查询内容框中输入"中国"，则系统会把书名前两个字是"中国"（即书名为"中国 ××"）的所有记录检索出来。中间匹配包括前方匹配，但检索速度要比前方匹配慢一些。只要记录的字段内容包含用户输入的检索词，系统就认为是符合条件的记录。例如，在查询类型中选择"书名"，查询内容框中输入"人民"，则系统会把书名含有"人民"（即书名为"× 人民×""人民 ××"）的所有记录检索出来。

条件 3：表示查询内容，在检索框中必须输入相关的关键词，为空表示显示所有记录。

三项条件的下方是各条件的逻辑关系。该系统允许不同的检索条件进行逻辑组配，条件 1、条件 2、条件 3，三者之间的连接符号是"And"，表示是"与"的关系，检索条件必须满足三者；连接符号"Or"，表示"或"的关系，表示满足其中的一者即可（它们的优先级是从前到后的顺序）。

（3）多库检索：在导航栏中点击"多库检索"即可进入多库检索界面，可同时对单个或多个馆藏数据库进行检索。

图 4-2-4　多库检索页面

（4）二次检索，即在检索结果中进行检索。

◎ 案例：查找有关鲁迅的文献资料

第一步，选择"检索途径"为"任意词"，在检索框内输入"鲁迅"，单击

"检索"按钮，得到 23 条检索结果，如图 4-2-5 所示。由于检索结果太多，可通过二次检索进行筛选。

图 4-2-5　任意词检索"鲁迅"

　　第二步，在图 4-2-5 所示的图书馆书目检索结果界面中，选择"题名"作为检索条件，在检索框中输入"鲁迅"，单击"在结果中查找"，即可在 23 条信息中，筛选出与题名鲁迅相关的书籍信息 11 条，如图 4-2-6 所示。

　　第三步，根据需要，选择所需的文献阅览或外借。

图 4-2-6　在检索结果中进行二次检索

2. 分类浏览

GILS 系统按照《中图法》设置分类导航，细分到三级类目。点击系统导航中的"分类浏览"即可查看书目数据。此功能适合用于触摸屏设备，如图 4-2-7 所示。

图 4-2-7 分类检索页面

3. 检索结果显示

系统提供索书号、正题名、责任者、ISBN 号、出版社、出版日期、编目时间（到馆时间）等数据。

（三）电子书与传统纸质书统一检索

GLIS 图书系统支持电子书与纸质图书统一检索。若图书有电子版或纸质版，检索结果记录中可同时显示，纸质图书在书目信息中会显示出图书的馆藏信息、流通状态，电子书可在线阅读。这一功能解决了多个平台多次登录、重复检索的问题，使"纸电一体化"检索成为发展新趋势。

◎ **案例：在线看"红楼梦研究论述"**

第一步，在检索词中输入"红楼梦研究"，查询相关文献，如图 4-2-8 所示。

第二步，点击想要查看的文献题名，即可查看书目的详细信息，如图 4-2-9 所示。在页面的本馆数字资源项中，可在线查看电子资源。

信息检索

图 4-2-8　检索结果列表

图 4-2-9　书目信息页面

（四）特色资源库

GLIS 图书系统支持特色资源库，可以自定义单个或多个特色资源库（如图 4-2-10），为读者提供更直观、更便捷的服务。该功能为图书馆资源建设提供有效的服务和有力的支持。

特色资源库

诺贝尔文学奖作品　　　　　教育文献资源库
课外阅读优秀书目　　　　　教辅资源库
模拟试题资源库　　　　　　经典文学资源库
科普百科资源库　　　　　　推荐工具书

图 4-2-10　特色资源库页面

二、北京师范大学图书馆书目检索系统

北京师范大学图书馆从 1902 年的京师大学堂师范馆图书室逐步发展成为目前馆舍面积 4.1 万平方米的颇具现代气息的图书馆。截至 2018 年底，纸本文献总量 510.1 万余册，中外文全文电子期刊 11 万余种，中外文电子图书 874 万余册，学位论文 882 万余篇，引进中外文数据库 374 个，自建特色馆藏资源数据库 26 个。教育学科资源是该校图书馆颇具特色的重点建设馆藏资源。2008 年，该馆成为国务院批准公布的首批全国古籍重点保护单位。目前，该馆古籍线装书 3 万余种计 40 万余册，善本古籍 3500 余种，130 种馆藏古籍入选《国家珍贵古籍名录》。

（一）检索系统概述

目前北京师范大学图书馆（http://www.lib.bnu.edu.cn/）使用的馆藏目录系统不再是单独的 OPAC 检索系统，已经与电子资源融合。后台使用的是 Alma 系统，前台则通过 Primo 发现系统来揭示。Alma 是 Ex Libris 公司开发的下一代图书馆服务平台，统一整合图书馆管理印刷、电子和数字资源的各类不同系统，支持整个图书馆的印刷、电子和数字资源业务。Primo 则是由 Ex

Libris 公司开发的图书馆统一资源发现与获取门户系统，主要期待达成"简单、快速、易用、有效"，以此来提高检索效率和资源组织方式。

图 4-2-11　北京师范大学图书馆主页

（二）检索功能

北京师范大学图书馆检索系统提供简单检索和高级检索两种检索方式。

1. 简单检索

简单的一框式检索的检索字段包括题名和著者。用户在检索框中输入检索词，在一框式检索下方限定文献类型为纸质资源，即可检索出与检索词对应的文献信息。

2. 高级检索

高级检索提供更多的检索字段，包括题名、作者、主题、提要或文摘、ISBN、ISSN、出版社和索书号。高级检索支持布尔逻辑检索、截断检索和精确检索。

（三）检索结果显示

系统提供仅显示（电子图书、同行评议、在线访问、纸本图书、开放获取等分类）文献类型、馆藏位置（具体能够借阅到图书的楼层位置）、馆藏地（图书所在的具体分馆）、主题、作者、来源数据库、语种、出版日期、来源期刊、出版机构、中图分类等分面缩检方式。

（四）北京师范大学图书馆图书检索的方法与路径的实例

1. 具体某本图书的检索

当用户需要检索具体一本图书时，只需将所需要的信息输入检索框检索，之后在分面中的"仅显示"中选择"纸本图书"，就可以获得全部的检索结果。如图 4-2-12、图 4-2-13 所示。

图 4-2-12　简单检索页面

图 4-2-13　简单检索结果页面

2. 分类途径查找

如果要查找某一类的图书，则需要在高级检索中制定索书号作为检索字段来检索。例如，想要查找印度文学的图书，印度文学的中图分类号为 I351，则为了查找全部印度文学有关图书，使用后截断"*"代表 0—n 个字符来检索，并在检索结果当中选择"仅显示"中的"纸本图书"。如图4-2-14、图4-2-15所示。

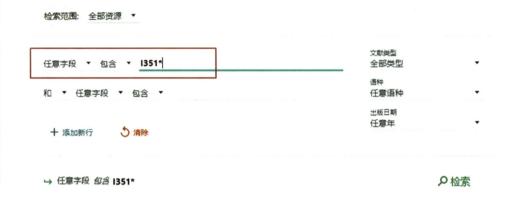

图 4-2-14 高级检索页面

图 4-2-15 高级检索结果页面

与传统的馆藏 OPAC 相比，北京师范大学图书馆的书目检索系统最大的优势在于可以按照图书的相关度排序，而不仅仅是检索精确匹配的结果。

三、公共图书馆馆藏目录查询系统

公共图书馆馆藏目录查询系统首推国家图书馆的联机公共目录查询系统。

中国国家图书馆总建筑面积为 28 万平方米，是亚洲规模最大的图书馆，居世界国家图书馆第三位。国家图书馆前身是京师图书馆，百余年来，先后更名为国立北平图书馆、北京图书馆，1998 年 12 月 12 日改称国家图书馆。中国国家图书馆分为总馆南馆、总馆北馆和古籍馆，馆藏文献超过 3500 万册并以每年百万册的数量增长，其中古籍善本有 200 余万册。

（一）国家图书馆联机公共目录查询系统

在国家图书馆"文津搜索"下拉菜单中选择"馆藏目录"，或直接登录（http://opac.nlc.cn/F/B2LYQVUJH7V1LX1Q879MVTBI6FSA3XR8QTFMLLTCE1I6DSNA8G-84640?func=file&file_name=login-session）进入联机公共目录查询系统。

图 4-2-16　国家图书馆首页

国家图书馆联机公共目录查询系统按文种分为中文文献数据总库和外文文献数据总库。外文文献数据总库包括外文联合国资料库、外文工具书库、外文文献库等；中文及特藏数据库包括中文普通图书库、中文报纸库、中文期刊库、学位论文总库、善本古籍文献总库、中文缩微文献等在内的 20 多个子库。系统默认的检索数据范围是馆藏全部中文文献数据，可以在数据库名称前的复选框中选择或取消选择。

（二）国家图书馆联机公共目录查询系统特点

（1）海量资源的一站式获取。国家图书馆联机公共目录查询系统提供简约的单框检索入口，用户输入一次检索词，即可实现对系统内所有资源的一站式检索。其可检内容包括各类型书刊文献资源及国家图书馆各类中外文自建和外购数据库资源。

（2）提供多种字段检索。国家图书馆联机公共目录查询系统主界面除提供一站式检索入口以外，还提供 18 种限制检索字段：正题名、其他题名、著者、主题词、中图分类号、出版者、出版地、丛编、索取号、ISBN、ISSN、ISRC、条码号、系统号、论文专业、论文研究方向、论文学位授予单位、论文学位授予时间。系统提供的默认检索字段是"所有字段"。在联机公共目录查询系统检索结果列表页中，除显示书名、著者、年份、出版社等，还提供了馆藏和借阅情况导航，帮助用户了解图书的在馆状况。

（3）检索服务的个性化定制。联机公共目录查询系统为用户提供个性化的检索服务。用户可以在"检索历史"中查看自己历次检索所使用的检索词、检索字段以及检索的执行时间等信息，还可以在"参数设置"中对网页显示语言、检索结果每页显示的条目、是否展现封面信息、是否保存检索历史以及用户职业信息和兴趣爱好等选项进行设定。

（三）国家图书馆联机公共目录查询系统检索方式

国家图书馆联机公共目录查询系统提供检索和浏览两种检索方式。

1. 检索方式

包括简单检索、高级检索［多字段检索、通用命令语言（CCL）检索、多库检索、组合检索］。系统默认的是简单检索。

（1）简单检索。在"所有字段"下拉菜单，选择不同的检索字段，直接在检索框中输入检索词，就可实现与检索途径匹配的检索结果，如图 4-2-17 所示。

在简单检索页面右边，单击"更多选项"，打开"检索限制"窗口，可以选择限定文献语言（中文、日语、英语、法语、德语、俄语）、资料类型（图书、报刊音视频和电子资源），选择典藏地、起止时间。前三项系统默认为"全部"。如图 4-2-18 所示。

　　若要选择某一特定检索方式，单击检索首页中"高级检索"下的相关链接。

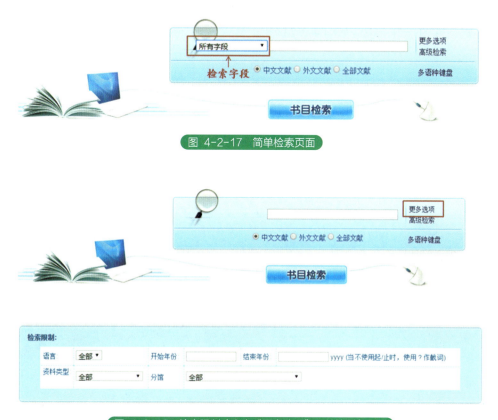

图 4-2-17　简单检索页面

图 4-2-18　检索限制（点击"更多选项"开关控制）页面

　　（2）高级检索。在简单检索页面右边"高级检索"下拉菜单中，用户可根据检索需求分别选择"多字段检索""多库检索""组合检索""通用命令语言检索"等，进入不同的检索页面，如图 4-2-19 所示。

图 4-2-19　高级检索选项页面

①多字段检索。用户可以用多个关键词检索数据库（如题名、著者、主题等），并定义检索模式（是否词临近）。多字段检索可以同时检索多个词组，词组之间的逻辑关系是"AND"，如图 4-2-20 所示。

　　②多库检索。可以同时检索多个数据库，在选定的数据库中检索符合指定检索条件的一组记录，如图 4-2-21 所示。

基本检索 | 多字段检索 | 多库检索 | 组合检索 | 通用命令语言检索 | 分类浏览 | 末次检索结果

多字段检索

主题	
著者	
题名起始于	（以题名的第一个字开始）
题名	
出版年	
出版者	
词临近？	○否 ◉是
书目库	中文文献库 ▼

确 定　　**清 除**　多语种键盘

图 4-2-20　多字段检索页面

多库检索

输入检索词或词组	
检索字段	所有字段 ▼
词邻近？	○否 ◉是

确 定　　**清 除**

选择数据库：
☑ 中文及特藏数据库

□ 中文普通图书库	□ 音像制品和电子资源（含中外文）	□ 民语文献 全部 ▼
□ 中文期刊	□ 中文报纸	□ 中文缩微文献
□ 台港图书及海外出版的中文图书	□ 普通古籍（含新线装）	□ 善本古籍文献
□ 学位论文	□ 联合国资料	□ 地方志、家谱文献

□ 外文文献数据总库 语种 ALL ▼

□ 外文图书	□ 外文善本	□ 外文缩微文献
□ 外文期刊	□ 外文报纸（含台港外文报纸）	□ 外文乐谱
□ 外文地图	□ 国际组织和外国政府出版物	

检索限制：

开始年份		结束年份	yyyy（当不使用起/止时，使用？作截词）
资料类型	全部 ▼	分馆	全部 ▼

图 4-2-21　多库检索页面

③组合检索。可以让用户用多个关键词检索数据库，用下拉菜单指定检索字段，并定义检索模式（是否词邻近）。提供多种检索字段，如主题词、题名、著者等，多个检索字段之间通过布尔逻辑运算符"AND"处理，如图4-2-22所示。

基本检索 | 多字段检索 | 多库检索 | 组合检索 | 通用命令语言检索 | 分类浏览 | 末次检索结果

组合检索

检索字段	键入检索词或词组	词邻近?	命中记录数
所有字段 ▼		○否 ◉是	
所有字段 ▼		○否 ◉是	
所有字段 ▼		○否 ◉是	
数据库	中文文献库 ▼		

以上各检索条件执行"与(AND)"　　　　　　　点击命中记录总数查看记录:

确　定　　清　除

检索限制:

| 语言 | 全部 ▼ | 开始年份 | | 结束年份 | | yyyy (当不使用起/止时，使用 ? 作截词) |
| 资料类型 | 全部 ▼ | 分馆 | 全部 ▼ | | | |

图 4-2-22 组合检索页面

（3）二次检索。要缩小检索范围，选择布尔逻辑运算符"AND"或"NOT"；要扩大检索范围，选择"OR"。同时还要重新选择检索的字段，例如题名、著者、主题词等，输入新的检索词或词组。单击"确定"时，页面将显示修改了检索条件之后的检索结果记录列表。如果二次检索未检索到满足条件的记录，则页面会显示错误提示信息，如图4-2-23所示。

中文及特藏文 - 二次检索

当前检索条件: W-题名= 奥秘 AND W-记录格式= SE

可以通过采用另一个检索词条修改您的检索结果。

第一步
在新的检索条件下，选择不同的布尔运算对检索结果集进行交叉检索
要缩小检索范围，选择 AND 或 NOT
要扩大检索范围，选择 OR

◉And ○Or ○Not

第二步
选择要检索的字段，输入新的检索词。

检索字段	输入检索词或词组
所有字段 ▼	Oracle

确　定　　清　除

图 4-2-23 二次检索未检索到满足条件的记录，页面显示错误提示信息

2. 浏览方式

（1）分类浏览。国家图书馆联机公共目录查询系统提供按中图分类法、科图分类法、古籍分类法等常用的分类法分类浏览图书馆馆藏书目（详见第二章信息检索）。

（2）标签浏览。OPAC 系统中标签浏览的检索方式，是为了更好地显示和突出检索的重点关键词或者词条，以便更好地索引和指导读者浏览图书馆馆藏书目信息。图书馆系统用户可查看"我的标签""公共标签"，匿名用户只能查看"公共标签"。

3. 检索结果及处理

检索结果列表显示，包括文献名、著者、出版信息等。结果列表中的每条记录已经排序编号，用户可以单击菜单条上的"结果列表"，查看最后一次检索的结果列表；还可以单击菜单条上的"检索历史"，查看早期检索的结果集，进而通过"命中记录数"查看相关的结果列表。结果列表提供不同格式的显示视图。结果列表中还包括一些选项，可对检索结果进行再次处理，如选中记录、整合集合、重新查询，如图 4-2-24 所示。

选中记录——对结果列表中"选中记录"执行的操作，包括保存/邮寄、创建子集、保存到服务器；整合集合——对结果列表中"检索结果集"执行的操作，包括相关度排序、二次检索、过滤、定题服务请求；重新查询——如果对当前的检索结果不满意，可以在"重新查询"子菜单中选择合适的检索方式，提交新的检索请求。

图 4-2-24　检索结果列表中的选项

4. 显示视图

结果列表提供简洁视图、封面视图、详细格式、题名著者、仅题名五种显示视图，如图 4-2-25 所示。如想了解更多内容，可查看联机公共目录查询系统帮助中心的《使用手册》。

128

图 4-2-25 检索结果列表页面

◎ **案例：查询钱钟书的小说《围城》的书目信息及馆藏情况**

方法一

第一步，简单检索：系统默认检索数据范围是馆藏全部中文数据，选择检索字段为"正题名"，在检索框中输入"围城"，单击"搜索"按钮，检索结果有314条信息（如图4-2-26所示）。由于检索结果太多，需要筛选。

图 4-2-26 简单检索结果"围城"页面

第二步，二次检索：利用二次检索功能对出版社进行筛选，选择检索途径"出版者"，在检索框中输入"人民文学出版社"，检索词之间用布尔逻辑运算符"AND"相连，点击"确定"，得到19条检索结果，如图4-2-27所示。

信息检索

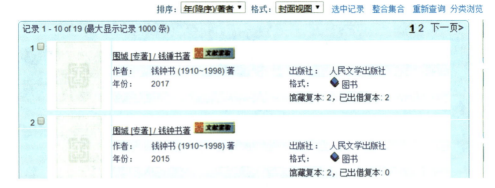

图 4-2-27 二次检索结果页面

方法二

组合检索：从检索首页窗口"高级检索"里选择"组合检索"，显示组合检索界面，如图 4-2-28 所示，从"检索字段"下拉菜单中选择需要检索的字段，可以同时选择多个字段。该案例检索途径可以选"正题名""著者""出版者"，然后输入对应的检索词，检索词之间用布尔逻辑运算符"AND"相连。其检索结果与二次检索结果是一致的，命中记录数出现在表单的右侧，显示符合检索条件的记录数"19"。单击命中记录数列中的数字链接，可查看记录列表。

图 4-2-28 组合检索结果页面

方法三

选择"检索限制"选项，对检索加以限定，从而得到更为准确的检索结果。

单击数据库名称，则显示检索结果的详细信息，包括题名、著者、出版者及馆藏地点等，对检索结果可进行标记、保存或输出。

第三节 联合目录查询系统

一、联合目录

联合目录是揭示和报道若干文献收藏单位全部或部分藏书的目录。它的特征是指明文献收藏处所，即参加单位的名称代号或简称，具有馆藏目录的性质。联合目录按地域范围可分为国际性的、国家性的和地区性的联合目录；按文献类型可分为图书联合目录、期刊联合目录等；按收录文献的内容范围可分为综合性的、专科性的联合目录。联合目录能扩大用户检索和利用文献的范围，也便于图书馆藏书协调、馆际互借与文献传递、实现图书馆资源共享等。

联合目录的发展历史悠久。13 世纪的《英格兰图书馆登记册》是世界上最早的联合目录。明代僧人智旭编制的《阅藏知津》可以算是我国联合目录的萌芽。我国真正现代意义上的联合目录是《北平各图书馆所藏中文期刊联合目录》(1929 年)。从 1901 年起，美国国会图书馆开始建立联合目录作用的目录卡片，20 世纪 40 年代初开始出版书本式联合目录。

二、联合目录查询系统

联合目录查询系统实际上是一种联机公共目录检索系统，是随着计算机及通用技术的发展而发展起来的，起源于 20 世纪 60 年代的美国。目前，联机检索已形成覆盖全球的信息检索系统，如 OCLC、DIALOG、ORBIT、BRS 等系统。我国从 20 世纪 80 年代开始从事国际联机检索，高校图书馆 90 年代后开始筹建"中国高等教育文献保障系统"（ China Academic Library and

Information System，简写为 CALIS）。

CALIS 联合目录是我国图书馆联合目录建设得最为成功的例子。它的建设，带动了全国各个高校图书馆，全国大部分省市都相继成立了地区性的高校图书馆联合目录，例如江苏省 JALIS 联合目录、河南省 HALIS 联合目录、上海地区高校图书馆联合目录等。这些联合目录的建设，是网络环境下我国高校图书馆业务建设的任务之一。[①]

三、中国高等教育文献保障系统（CALIS）

中国高等教育文献保障系统是经国家发展计划委员会正式批准，作为"211 工程"高等教育公共服务体系项目，在"九五"期间进行建设。

CALIS 项目的主要建设任务是通过文献信息服务网络和文献信息资源及数字化建设，实现系统的公共检索、馆际互借、文献传递、协调采购、联机合作编目等功能，基本建成中国现代高等教育文献保障体系的基本框架。

CALIS 项目的主要目标是通过高校图书馆的联合与共建、共知、共享，深化资源的有效开发和利用，提高高等学校教育和科研的文献保障水平，并与中国教育和科研计算机网（China Education and Research Network，简写为 CERNET）共同构筑我国高等教育公共服务体系，使之成为国家重要的信息基础设施之一。

CALIS 管理中心设在北京大学，下设文理、工程、农学、医学四个全国文献信息服务中心，华东北、华东南、华中、华南、西北、西南、东北七个地区文献信息服务中心，以及东北地区国防文献信息服务中心（由高校成员馆组成）。资源涵盖印刷型图书、连续出版物和古籍等多种文献类型，语种覆盖中文、日文、西文和俄文，书目内容囊括了教育部公布的关于高校学科建设的全部学科。

CALIS 成立了专属平台 eduChina（高等教育数字图书馆），服务功能主要包括 e 得文献获取服务、e 读学术搜索服务、外文期刊网络服务、CALIS 联合目录服务、CALIS 共享系统服务、CALIS 与上海图书馆的馆际借书服务、CALIS 与 NSTL 的文献传递服务、电子书在线阅读和租借式借阅服务

---

① 摘自董红霞《论我国高校图书馆联合目录的发展》，《图书情报工作》2009 年第 5 期。

及 CALIS 中文期刊论文单篇订购服务。随着 CALIS 项目建设成果的积累，CALIS 已经从一个工程项目逐渐发展成为一项公共服务体系。

（一）CALIS 检索

登录 http://opac.calis.edu.cn/opac/simpleSearch.do，或者通过各成员图书馆网站设置的链接即可进入 CALIS 联合目录公共检索系统，如图 4-3-1 所示。

图 4-3-1 CALIS 联合目录公共检索系统页面

（二）检索方法

CALIS 系统采用 Web 方式提供查询与浏览。该检索系统提供简单检索、高级检索和浏览三种检索方式。

1. 简单检索

可检索字段包括题名、责任者、主题、分类号、所有标准号码、ISBN、ISSN 和全面检索八项。检索数据范围包括中文、西文、日文、俄文四个数据库。

2. 高级检索

可检索字段包括题名、责任者、主题、出版者、出版地、期刊题名、丛编题名、统一题名、个人责任者、团体责任者、会议名称、分类号、所有标准号码、ISBN、ISSN 和 ISRC 等。选择"分类号"检索时，还可以使用"中图分类号表"浏览，将选中的分类号自动填写到检索词输入框中；可运用布尔逻辑运算符进行组配，还可以从内容特征、出版时间和资源类型三个方面进行限制性检索。如图 4-3-2 所示。

图 4-3-2　高级检索页面

3．浏览

对古籍数据提供四部分类的树型列表浏览，如图 4-3-3 所示。

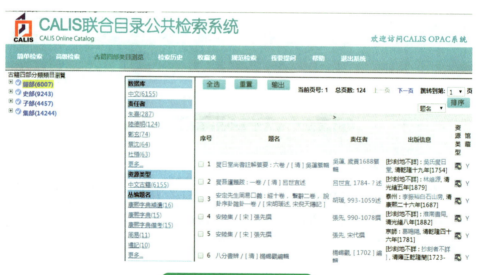

图 4-3-3　古籍四部类目浏览

（三）检索结果

1．检索结果列表

不同文种的检索结果分库显示检索结果列表，检索结果列表的每条记录包括序号、题名、责任者、出版信息、资源类型、馆藏。

2．检索结果显示格式

包括详细文本格式、MARC 显示格式。前一种格式对所有用户免费开放，MARC 显示格式只对 CALIS 联合目录成员馆开放。

3．检索结果排序功能

默认的排序优先次序是题名、相关度。

4．多种格式输出

对所有用户提供记录引文方式、简单文本格式、详细文本格式的输出，用户可根据自己的需要进行选择。

（四）用户服务

1．检索历史

保留用户发出的最后 10 个检索请求，关闭浏览器后，检索历史将清空。

2．收藏夹功能

对有权限的用户提供保存用户的检索表达式与记录列表、标注书签、添加和维护用户评论的功能（目前这些功能不对普通用户开放）。

3．馆际互借

OPAC 系统提供用户直接发送请求到本馆的馆际互借网关，用户无须填写书目信息。

第四节　图书馆资源整合与资源检索

　　资源整合与资源检索是图书馆资源建设过程中互为表里的两个层面，图书馆资源整合在广度、深度等方面的飞跃发展，推动图书馆资源检索系统实现了检全率、检准率和检索效率等效能指标的不断提升。本节简要介绍国家图书馆"文津"搜索系统（http://find.nlc.cn/）。

一、国家图书馆"文津"搜索系统概述

　　为了帮助用户更加快速、准确、方便地获取所需信息，2012 年 9 月 20 日中国国家图书馆推出了"文津"搜索系统。"文津"搜索系统有效整合了国家图书馆自建数据和部分已购买服务的各类数字资源，文献信息量近 2 亿条，包括图书、古文献、论文、期刊报纸、多媒体、缩微文献、文档、词条等覆盖全国图书馆的资源，实现了资源的一站式发现与获取。它为用户提供高效、精准、专业的图书馆领域元数据统一式搜索服务，提高用户搜索过程中返回信息的数量和质量，使用户不必在各种媒体资源的多个系统中检索就能得到满意的结果。

　　（1）结果聚类：检索结果通过多种途径的分类和排序方式进行过滤、聚合与导引，方便用户快速定位所需信息。

　　（2）系统定位：能够承载巨大的用户访问请求，并快速地提供检索结果。

　　（3）在线体验：支持在线阅读和分享功能，用户可以根据个人权限，浏览更多的信息。

　　（4）个性化服务：通过登录认证提供多种个性化服务，包括查看检索历史、设定搜索习惯等。

图 4-4-1　国家图书馆"文津"搜索系统

二、国家图书馆"文津"搜索系统检索方式

"文津"搜索提供两种检索方式——一般检索和高级检索，系统默认的是一般检索界面。用户还可以通过"文津"搜索首页上的"联邦检索"按钮跳转到国家图书馆 MetaLib 系统提供的整合检索界面。

图 4-4-2　国家图书馆 MetaLib 系统整合检索页面

1. 一般检索

系统支持通过输入的关键词在题名、作者、出版社、摘要和关键字这五个检索字段中通检，并支持通过选择文献类型、检索字段进行专业检索。这里需注意：不同的文献类型，设置的检索字段也不同。

图书：全部字段、题名、责任者、关键词、出版商、ISBN。

古文献：全部字段、题名、责任者、关键词。

论文：全部字段、题名、责任者、关键词、刊名。

期刊报纸：全部字段、期刊名、题名、责任者、关键词、报纸名。

多媒体：全部字段、题名、责任者、出版商、关键词。

缩微文献：全部字段、题名、责任者、关键词。

文档：全部字段、题名、发布者、关键词、责任者。

词条：全部字段、题名。

简单检索也可以进行专业检索，即直接选取导航栏资源和检索字段进行专业检索。

◎ 举例：检索王羲之。在导航栏中选择"古文献"资源，然后在字段中选择"关键词"，在检索框中输入"王羲之"，点击"搜索"获取检索结果，如图 4-4-3 所示。

图 4-4-3 国家图书馆"文津"搜索系统——专业检索

2. 高级检索

系统允许用户将多个检索条件通过布尔逻辑符和位置运算符连接，进行多项组合检索。在进行高级检索时，用户首先要选择文献类型。文献类型的可选项有图书、古文献、论文、期刊报纸、多媒体、缩微文献、文档和词条。用户选择了某一文献类型，下方逻辑检索字段的下拉菜单会显示该类型下相应的检索字段，用户可选定具体的检索字段进行检索。其次，选择高级检索方式，可使用"逻辑检索"功能，按照查询类型添加一个或几个检索条件，如 ISBN、题名、责任者、出版商，或者在下方的出版年份中增加对年份的限定后进行检索。点击"添加检索条件"按钮，可以增加一条逻辑检索项，系统最多支持三条逻辑检索项。最后，选择高级检索的范围，系统支持自定义时间段（用户输入的出版年份范围）进行检索、指定是否提供全文，如图 4-4-4 所示。

图 4-4-4 国家图书馆"文津"搜索系统——高级检索

3. 相关检索

系统根据当前检索词的扩展词、同义词和规范库关联词，在搜索结果页下方提供相关检索服务。最多会在一到两行显示 10 个相关热点词条，点击相关检索词条可以跳转到新的关键词列表预览页面。

4. 二次检索

在结果列表页下方的二次检索入口输入检索词，再点击"检索"可在当前检索结果中进行二次检索。

三、国家图书馆"文津"搜索系统搜索结果页面介绍

"文津"搜索系统以列表和导航方式返回搜索结果。

1. 列表方式

在列表页中用户可以看到标题、摘要、目次、馆藏信息等内容。列表页搜索结果如图 4-4-5 所示。

王羲之评传

文献类型：专著
著者：朱杰勤
出版年份：1940　　　　出版社 商务印书馆
来源数据库：馆藏中文资源

摘要　目次　馆藏信息

图书

图 4-4-5　国家图书馆"文津"搜索结果页面——列表页

（1）标题：点击搜索结果列表中第一行标题即可进入资源详细信息页面。

（2）摘要：对资源的描述，包含从该资源中摘录的相关文本。

（3）目次：目录的排序，目录是内容章节的具体名称。

（4）馆藏信息：以列表形式说明资源所在位置和提供的服务，并用地图标明其所在的具体城市和图书馆。

2. 导航方式

（1）查看指定类型导航。用户选择文献类型后，右侧搜索结果列表只显示属于该类型的检索结果。

例如，对于"论文"这一文献类型，在其子类中选择"期刊论文"复选框，结果列表就只显示命中该检索字段的信息。用户对文献类型可以进行复选，结果列表页将显示选中文献类型的检索结果的并集。

（2）缩小检索范围导航。用户可根据年份、著者和语种缩小检索范围，系统根据检索结果动态返回命中数量最多的 5 个。如果用户还想获取更多的检索

结果，可点击"更多"，则其他检索结果会按顺序展开。右侧搜索结果列表会根据选择的范围显示检索结果。用户还可以勾选全文过滤选项来查看有全文的结果。

例如，选择导航栏中的"著者"复选框，结果列表会显示当前的检索结果中著者为所选姓名的列表集合。

（3）来源数据库导航。用户可以指定资料的来源数据库。点击"更多"，页面会显示更多的资源来源数据库，右侧搜索结果列表根据选中的数据库筛选结果。

（4）页面结果排序。检索后结果列表按以下六种方式进行排序。

相关性：按照文本匹配相关性和文档重要性基数得出的综合得分进行排序。

题名 A—Z：按照英文字母顺序或者汉语拼音顺序进行排序。

作者 A—Z：按照英文字母顺序或者汉语拼音顺序进行排序。

出版单位 A—Z：按照英文字母顺序或者汉语拼音顺序进行排序。

出版日期（时间降序）：最新的排在前面。

出版日期（时间升序）：最旧的排在前面。

其中，系统默认的排序方式为相关性排序。

第五章

期刊、报纸的检索

第一节　期刊概述

一、期刊概述

期刊，又称为"杂志"，一般有固定刊名、版式、篇幅和内容范围，分卷、分期，定期或不定期连续出版。期刊产生于 17 世纪的法国和英国，以 1665 年法国的《学者杂志》和同年创刊于英国的伦敦皇家学会《哲学汇刊》为最早。第一份中文期刊是英国传教士马礼逊于 1815 年 8 月 5 日在马六甲创办的《察世俗每月统计传》（月刊，1821 年停刊）。上海商务印书馆出版的《东方杂志》（1904—1948）是中国近现代历史最长的期刊之一。

期刊类型多样。按其登载作品的内容，可分为综合性期刊、专业性期刊；按期刊的出版形式，又可分为印刷型期刊、数字型期刊、视听型期刊；按期刊的出版周期，又可分为周刊、旬刊、半月刊、月刊、双月刊、季刊、半年刊、年刊及不定期刊；按期刊的内容性质，又可分为学术性期刊、检索性期刊和普及型期刊。

期刊具有如下特点：（1）定期且连续出版，有出版序号；（2）有长期固定统一的刊名，有基本稳定的开本、栏目、篇幅等；（3）内容新颖，时效性强；（4）信息量大，作者众多。

由于期刊能较全面、快速地反映社会政治、经济、文化等方面的最新进展和学术研究成果，便于学术争鸣、交流信息、丰富群众生活，因而受到读者的欢迎。截至 2016 年，我国共出版期刊 10084 种，涉及社会科学、自然科学、工程技术、科技文化等门类。

二、核心期刊和同行评审期刊

核心期刊又称"重点期刊""重要期刊""常用期刊"等，一般指少数刊载某一学科大量高质量文献的期刊。通常情报密度较大，代表着某学科或专业领域较高的学术水平，借阅率和被引用率较高，出版较稳定，所刊论文的文献寿命较长。确定核心期刊，对于节约收藏空间和节省经费，帮助科研人员精选期刊，节省其时间和精力，有着重大意义。目前，世界各国测定核心期刊的方法还未统一，各部门分别采用他们认为合适的方法来确定本部门某学科的核心期刊。采用得最多的方法有布拉德福定律确定法、引证法、文摘法、累积80%法等。[①]

同行评审期刊是指期刊发表的主要文章在发表之前，由编辑部聘请与作者同一学科或同一研究领域的专家对论文进行评审。评审时作者姓名并不公开，聘请专家决定是否发表、修改或退稿，这样做主要是为了提高论文和期刊的质量。目前，印刷版期刊的电子版和纯电子期刊中，有很多是同行评审期刊，例如美国数学学会的纯电子期刊。

三、期刊评价

期刊评价是指依据一定的科学测量标准或从特定角度对期刊文献的某一属性或特点进行评论、检视其价值的过程。[②]

期刊评价指标是指对期刊在科学活动和文献交流中所起作用及其质量优劣进行客观、全面评价的指标。通常有期刊载文量、期刊被引率、平均引文率、影响因子等。

影响因子是期刊评价重要指标之一，亦是美国《科学引文索引》（*Science Citation Index*，简写为 SCI）的选刊原则之一，是某期刊在指定统计年份前两年内发表的所有论文在指定年被引用的总次数与该刊在指定统计年份前两年内发表的论文总数的比值。

---

① 摘自王绍平《图书情报词典》，汉语大词典出版社 1990 年版。
② 摘自王春林《科技编辑大辞典》，第二军医大学出版社 2001 年版。

四、中外著名刊物

（一）世界著名三大检索刊物

《**科学引文索引**》（*Science Citation Index*，简写为 SCI）1961 年创刊，美国科学情报研究所出版。SCI 收录全世界出版的数、理、化、农、林、医、生命科学、天文、地理、环境、材料、工程技术等自然科学学科的核心期刊约 3700 种，扩展版收录期刊 5800 余种。其通过严格的选刊标准和评估程序挑选刊源，使得收录的文献能够全面覆盖全世界最重要和最有影响力的研究成果。

《**工程索引**》（*Engineering Index*，简写为 EI）1884 年创刊，月刊，美国工程情报公司出版。EI 报道美国工程学会图书馆收藏的工程技术文献，其来源包括世界 50 个国家 15 种文字出版的工程技术文献约 3500 种，其中英文占 50%，年报道量约 13 万条。

《**科技会议论文索引**》（*Index to Science & Technology Proceedings*，简写为 ISTP）1978 年创刊，现为月刊，每年出版一卷。ISTP 主要收录世界各地召开的国际性科技会议的会议录，每年收录的会议录有 4000 多种，报道的会议论文 20 余万篇，涉及的学科有数学、物理学、化学、生命科学、农业科学、生物学、环境科学、医学、工程技术及应用科学等。

（二）中国核心期刊汇编

《**中文核心期刊要目总览**》 中文核心期刊目录，是中国图书馆界和期刊界研究和评价中文核心期刊的成果。研究项目由北京大学图书馆主持，国家图书馆等数十个单位的专家参与。研究成果已出版了八版：第一版（1992 年版）、第二版（1996 年版）、第三版（2000 年版）、第四版（2004 年版）、第五版（2008 年版）、第六版（2011 年版）、第七版（2014 年版）、第八版（2017 年版）。2017 年版由陈建龙、朱强、张俊娥、蔡蓉华主编，北京大学出版社 2018 年出版。

图 5-1-1

《**中国人文社会科学核心期刊要览**》 中国社会科学院文献信息中心 1996 年开始进行人文社会科学文献计量研究工作，建有社会科学论文统计分析数据库、中国人文社会科学引文数据库、社科论文摘转载统计库。2000 年印制的《中国人文社会科学核心期刊要览》，作为内部参考资料供有关方面人员交流使用，2004 年作为正式出版物出版。

2013 年版由姜晓辉主编，社会科学文献出版社 2014 年出版。主要介绍统计筛选核心期刊的主旨、原则和方法，以及研制的过程和特点。"核心期刊表"和"核心期刊分学科研制报告"是本书的主要部分，前者是核心期刊的评选结果，后者介绍了统计过程，列出了分学科引证期刊表。

《中国科技论文统计源期刊（中国科技核心期刊）概览》 潘云涛、马峥主编，中国科学技术信息研究所编，科学技术文献出版社 2007 年出版。本书系统介绍中国科技论文统计源期刊的概况，其中包括刊名、刊号、主办单位、出版周期、联系地址与电话以及期刊简介等 15 项重要信息。

（三）引文分析数据库

引文是引证文献与被引证文献的统称。引文分析的作用主要体现在评价学科文献、评价学者、了解学科发展态势、评价各文献类型以及评价学术机构的学术影响力等方面。对引文的分析、研究是文献研究的重要内容。而引文索引通过文献的引用和被引用关系将属于不同领域的文献有机地联系起来，不仅是一种扩大检索途径的新方法，而且可以反映出学术研究中的继承和借鉴。

1. 中国科学引文数据库

中国科学引文数据库（Chinese Science Citation Database，简写为 CSCD），是中国科学院文献情报中心 1989 年创建的引文数据库。该数据库收录千余种我国数学、物理、化学、天文学、地学、生物学、农林科学、医药卫生、工程技术、环境科学和管理科学等领域出版的中英文科技核心期刊和优秀期刊，目前已积累从 1989 年到 2019 年 4 月的论文记录 530 多万条，引文记录 7300 多万条。中国科学引文数据库分为核心库和扩展库，数据库的来源期刊每两年评选一次。此外，CSCD 还是中国科学院院士推选人指定查询库、国家自然科学基金委员会国家杰出青年科学基金指定查询库、第四届中国青年科学家奖申报人指定查询库、国家自然科学基金委员会资助项目后期绩效评估指定查询库、国家自然科学基金委员会国家重点实验室评估查询库。

2019 年 4 月 20 日，中国科学引文数据库最新版本（2019—2020 年度）正式发布。它收录来源期刊 1230 种，其中中国出版的英文期刊 229 种〔目前中国出版 431 种英文学术期刊（不含港澳台）〕，中文期刊 1001 种。

中国科学引文数据库提供基本检索、二次检索等功能，在检索结果概览页面提供多种排序方式，并提供 E-mail、打印和下载三种输出方式。除此以外，数据库还提供引文索引，使用引文索引，用户可以迅速从数百万条引文中查询到某篇科技文献被引用的详细情况等，对交叉学科和新学科的发展研究具有十分重要的参考价值。

中国科学引文数据库提供数据链接机制，支持用户获取全文。

数据库登录网址为 http://sciencechina.cn/forbid.jsp。

2. 中文社会科学引文索引

中文社会科学引文索引（Chinese Social Sciences Citation Index，简写为CSSCI），是由南京大学中国社会科学研究评价中心开发研制，用来检索中文社会科学领域的论文收录和文献被引用情况的数据库。利用 CSSCI 的"来源文献检索"，用户可以检索到包括普通论文、综述、评论、传记资料、报告等类型的文章。利用 CSSCI 的"被引文献检索"，用户可以检索到论文（含学位论文）、专著、报纸等文献被引用的情况。目前数据库收录包括法学、管理学、经济学、历史学、政治学等在内的 25 大类的 500 多种学术期刊，现已开发的CSSCI（1998—2018）20 年度数据，来源文献 150 余万篇，引文文献 1000 余万篇。入选期刊每两年更新一次。

2019 年 3 月 25 日，南京大学中国人文社会科学综合评价研究院发布最新版（2019—2020）CSSCI 来源期刊扩展版目录 568 种。

数据库登录网址为 http://cssrac.nju.edu.cn/index.html。

3. CNKI 中国引文数据库

CNKI 是"中国国家知识基础设施"英文 China National Knowledge Infrastructure 的缩写，是由《中国学术期刊（光盘版）》电子杂志社有限公司、同方知网数字出版技术股份有限公司、同方知网（北京）技术有限公司共同运营的中文知识门户网站——中国知网。该网站收录的中文文献类型多，学科涵盖面广。基于海量文献资源，CNKI 建立的中国引文数据库（Chinese Citation Database，简写为 CCD）引文数据量大、学科面广，作为科研管理及统计数据分析工具，通过分析学术文献的被引情况，从而评价学术文献的价值。

CNKI 中国引文数据库提供快速检索、高级检索、专业检索等多种检索模式，满足不同用户不同的需求，用户针对检索结果，能够进行引证报告、数据分析器、文献导出、结果分析、计量可视化等操作。

数据库登录网址为 http://ref.cnki.net/ref。

第二节　中小学图书馆可订阅的中文核心期刊简介

《中文核心期刊要目总览（2017 年版）》收录 1983 种中文核心期刊，内容涵盖哲学、社会科学、自然科学等学科。现从中筛选 84 种适合在中小学校使用的中文核心期刊，仅供中小学图书馆订阅时参考。

一、适合中小学图书馆订阅的中文核心期刊推荐目录

《求是》 中国共产党中央委员会的政治理论刊物。1958 年创刊，半月刊。国际刊号为 ISSN 1002-4980；国内刊号为 CN 11-1000/D；邮发代号为 2-371。

《道德与文明》 中国伦理学会、天津社会科学院主办。1982 年创刊，双月刊。国际标准刊号为 ISSN 1007-1539；国内统一刊号为 CN 12-1029/B；邮发代号为 6-60。

《人文杂志》 陕西省社会科学院主办。1957 年创刊，月刊。人文、社会科学综合性学术刊物。国际标准刊号为 ISSN 0447-662X；国内统一刊号为 CN 61-1005/C；邮发代号为 52-11。

《心理发展与教育》 教育部主管，北京师范大学主办。1985 年创刊，双月刊。国际标准刊号为 ISSN 1001-4918；国内统一刊号为 CN 11-1608/B；邮发代号为 2-913。

《教育研究》 教育部主管，中国教育科学研究院主办。1979 年创刊，月刊。国际标准刊号为 ISSN 1002-5731；国内统一刊号为 CN11-1281/G4；邮发代号为 2-277。

《开放教育研究》 上海远程教育集团与上海开放大学主办。1983 年创刊，双月刊。国际标准刊号为 ISSN 1007-2179；国内统一刊号为 CN 31-1724/G4；邮发代号为 4-578。

《中国电化教育》 教育部主管，中央电化教育馆主办。1980 年创刊，月刊。国际标准刊号为 ISSN 1006-9860；国内统一刊号为 CN113792/G4；邮发代号为 2-107。

《现代教育技术》 教育部主管，清华大学主办。1991 年创刊，月刊。国际标准刊号为 ISSN 1009-8097；国内统一刊号为 CN 11-4525/N；邮发代号为 2-736。

《教师教育研究》 教育部主管，北京师范大学、华东师范大学、教育部高等学校师资培训交流北京中心联合主办。1989 年创刊，双月刊。国际标准刊号为 ISSN 1672-5905；国内统一刊号为 CN 11-5147/G4；邮发代号为 2-418。

《比较教育研究》 教育部主管，北京师范大学主办。1965 年创刊，月刊。国际标准刊号为 ISSN 1003-7667；国内统一刊号为 CN 11-2878/G4；邮发代号为 2-466。

《外国教育研究》 教育部主管，东北师范大学主办。1974 年创刊，1985 年公开发行，月刊。国际标准刊号为 ISSN 1006-7469；国内统一刊号为 CN 22-1022/G4；邮发代号为 12-102。

《中国教育学刊》 教育部主管、中国教育学会主办。1980 年创刊，月刊。国际标准刊号为 ISSN 1002-4808；国内统一刊号为 CN 11-2606/G4；邮发代号为 82-410。

《教育科学》 辽宁省教育厅主管，辽宁师范大学主办。1985 年创刊，双月刊。国际标准刊号为 ISSN 1002-8064；国内统一刊号为 CN 21-1066/G4；邮发代号为 8-91。

《现代教育管理》 辽宁教育厅主管，辽宁教育研究院主办。国际标准刊号为 ISSN 1674-5485；国内统一刊号为 21-1570/G4；邮发代号为 8-581。

《课程、教材、教法》 教育部主管，人民教育出版社有限公司主办。1981 年创刊，月刊。国际标准刊号为 ISSN 1000-0186；国内统一刊号为 CN 11-1278/G4；邮发代号为 2-294。

《教育科学研究》 北京教育科学研究院和北京开放大学主办。1990 年创刊，月刊。国际标准刊号为 ISSN 1009-718X；国内统一刊号为 CN 11-4573/D；邮发代号为 2-769。

《外国中小学教育》 上海市教育委员会主管，上海师范大学主办。1982 年创刊，月刊。国际标准刊号为 ISSN 1007-8495；国内统一刊号为 CN 31-1037/

G4；邮发代号为 4-383。

　　《人民教育》　教育部主管，中国教育报刊社主办。1950 年 5 月 1 日创刊，半月刊。国际标准刊号为 ISSN 0448-9365；国内统一刊号为 CN 11-1199/G4；邮发代号为 2-5。

　　《教育研究与实验》　教育部主管，华中师范大学主办，现为中国教育学会教育实验研究分会会刊。1983 年创刊，双月刊。国际标准刊号为 ISSN 1003-160X；国内统一刊号为 CN42-1041/G4；邮发代号为 38-144。

　　《上海教育科研》　上海市教育科学研究院普通教育研究所主办。1981 年创刊，月刊。国际标准刊号为 ISSN 1007-2020；国内统一刊号为 CN 31-1059/G4；邮发代号为 4-720。

　　《基础教育》　教育部主管，华东师范大学主办。1978 年创刊，双月刊。国际标准刊号为 ISSN 1005-2232；国内统一刊号为 CN 31-1914/G4；邮发代号为 4-720。

　　《基础教育课程》　教育部主管、教育部基础教育课程教材发展中心主办。1993 年创刊，半月刊。国际标准刊号为 ISSN 1672-6715；国内统一刊号为 CN 11-5187/G；邮发代号为 80-447。

　　《中小学管理》　北京市教育委员会主管，北京教育学院主办。1987 年创刊，月刊。国际标准刊号为 ISSN 1002-2384；国内统一刊号为 CN 11-2545/G4；邮发代号为 82-372。

　　《教学与管理》　太原师范学院主办。1984 年创刊，旬刊。国际标准刊号为 ISSN 1004-5872；国内统一刊号为 CN 14-1024/G4；邮发代号为 22-103。

　　《中学政治教学参考》　教育部主管，陕西师范大学主办。1972 年创刊，旬刊。国际标准刊号为 ISSN 1002-2147；国内统一刊号为 CN 61-1030/G4；邮发代号为高中版 52-20，初中版 52-278，理论版 52-243。

　　《思想政治课教学》　教育部主管，北京师范大学主办。1981 年创刊，月刊。国际标准刊号为 ISSN 1002-588X；国内统一刊号为 CN 11-1589/G4；邮发代号为 2-78。

　　《中学语文教学》　北京市教育委员会主管，首都师范大学主办，中国教育学会中学语文教学专业委员会协办。1979 年创刊，月刊。国际标准刊号为 ISSN 1002-5154；国内统一刊号为 CN 11-1277/H；邮发代号为 2-32。

　　《语文建设》　语言文字报刊社主办。1956 年创刊，月刊。国际标准刊号为

ISSN 1001-8476；国内统一刊号为 CN 11-1399/H；邮发代号为 2-200。

《中小学英语教学与研究》 教育部主管，华东师范大学主办。1978 年创刊，月刊。国际标准刊号为 ISSN 1006-4036；国内统一刊号为 CN 31-1122/G4；邮发代号为 4-327。

《中小学外语教学》 教育部主管，北京师范大学主办。1978 年创刊，月刊。国际标准刊号为 ISSN 1002-6541；国内统一刊号为 CN 11-1318/G4；邮发代号为 2-31。

《历史教学》 天津新闻出版管理局主管，天津古籍出版社、历史教学社主办。1951 年创刊，月刊。上半月为中学版，下半月为高校版。国际标准刊号为 ISSN 0457-6241；国内统一刊号为 CN 12-1010/G4；邮发代号为 6-4。

《地理教学》 教育部主管，华东师范大学主办。1959 年创刊，半月刊。国际标准刊号为 ISSN 1000-078X；国内统一刊号为 CN 31-1022/G4 ；邮发代号：4-388。

《数学教育学报》 天津市教育委员会主管，天津师范大学、中国教育学会主办。1992 年创刊，双月刊。国际标准刊号为 ISSN 1004-9894；国内统一刊号为 CN 12-1194/G4；邮发代号为 6-132。

《数学通报》 中国科学技术协会主管，中国数学会、北京师范大学主办。1936 年创刊，月刊。国际标准刊号为 ISSN 0583-1458；国内统一刊号为 CN12-1194/G4；邮发代号为 2-501。

《物理教学》 中国科学技术协会主管，中国物理学会主办。1978 年创刊，月刊。国际标准刊号为 ISSN 1002-0748；国内统一刊号为 CN 31-1033/G4；邮发代号为 4-284。

《物理教师》 江苏省教育厅主管，苏州大学主办。1980 年创刊，月刊。国际标准刊号为 ISSN 1002-042X；国内统一刊号为 CN 32-1216/O4；邮发代号为 28-77。

《化学教学》 教育部主管，华东师范大学主办。1979 年创刊，月刊。国际标准刊号为 ISSN 1005-6629；国内统一刊号为 CN 31-1006/G4；邮发代号为 4-324。

《化学教育》 中国科学技术协会主管，中国化学会、北京师范大学主办。1980 年创刊，半月刊。国际标准刊号为 ISSN 1003-3807；国内统一刊号为 CN 11-1923/O6；邮发代号：2-106。

《**化学通报**》 中国科学院主管，中国科学院化学研究所、中国化学会联合主办。1934 年创刊，月刊。国际标准刊号为 ISSN 0441-3776；国内统一刊号为 CN11-1804/O6；邮发代号：2-28。

《**生物学教学**》 教育部主管、华东师范大学主办。1958 年创刊，月刊。国际标准刊号为 ISSN 1004-7549；国内统一刊号为 CN31-1009/G4；邮发代号为4-450。

《**生物学杂志**》 安徽省科学技术协会主管，合肥市科学技术协会主办。1983 年创刊，双月刊。国际标准刊号为 ISSN 2095-1736；国内统一刊号为 CN 34-1081/Q；邮发代号为 26-50

《**生命科学**》 中国科学院上海生命科学研究院主管，国家自然科学基金委员会生物科学部、中国科学院前沿科学与教育局、中国科学院生命科学和医学学部和中国科学院上海生命科学研究院共同主办。1988 年创刊，月刊。国际标准刊号为 ISSN 1004-0374；国内统一刊号为 CN 31-1600/Q；邮发代号为 4-628。

《**人文地理**》 陕西省教育厅主管，中国地理学会、西安外国语大学联合主办。1986 年创刊，双月刊。国际标准刊号为 ISSN 1003-2398；国内统一刊号为 CN 61-1193/K；邮发代号为 36-75。

《**海洋通报**》 国家海洋局主管，国家海洋信息中心、中国海洋学会主办，国家海洋局北海分局、东海分局和南海分局协办。1972 年创刊，双月刊。国际标准刊号为 ISSN 1001-6392；国内统一刊号为 CN12-1076/P。

《**外语教学与研究**》 教育部主管，北京外国语大学主办。1957 年创刊，双月刊。国际标准刊号为 ISSN 1000-0429；国内统一刊号为 CN 11-1251/G4；邮发代号为 2-130。

《**方言**》 中国社会科学院主管，中国社会科学院语言研究所主办。1979 年创刊，季刊。国际标准刊号为 ISSN 0257-0203；国内统一刊号为 CN 11-1052/H；邮发代号为 2-526。

《**体育学刊**》 教育部主管，华南理工大学和华南师范大学联合主办。1987 年创刊，双月刊。国际标准刊号为 ISSN 1006-7116；国内统一刊号为 CN 44-1404/G8；邮发代号为 46-232。

《**体育文化导刊**》 国家体育总局主管，国家体育总局文化发展中心主办。1983 年创刊，月刊。国际标准刊号为 ISSN 1671-1572；国内统一刊号为 CN 11-4612/G8；邮发代号为 82-465。

《**体育与科学**》 江苏省体育局主管,江苏省体育科学研究所主办。1980年创刊,双月刊。国际标准刊号为 ISSN 1004-4590;国内统一刊号为 CN 32-1208/G8;邮发代号为 28-51。

《**人民音乐**》 中国文学艺术界联合会主管,中国音乐家协会主办。1950年创刊,月刊。国际标准刊号为 ISSN 0447-6573;国内统一刊号为 CN 11-1655/J;邮发代号为 2-6。

《**美术**》 中国文学艺术界联合会主管,中国美术家协会主办。1950年创刊,月刊。国际标准刊号为 ISSN 1003-1774;国内统一刊号为 CN 11-1311/J;邮发代号为 2-170。

《**戏曲艺术**》 北京市教育委员会主管,中国戏曲学院主办。1979年创刊,季刊。国际标准刊号为 ISSN 1002-8927;国内统一刊号为 CN 11-1172/J;邮发代号为 2-457。

《**明清小说研究**》 江苏省社会科学院文学研究所、明清小说研究中心主办。1985年创刊,季刊。国际标准刊号为 ISSN 1004-3330;国内统一刊号为 CN 32-1017/I;邮发代号为 28-217。

《**文史**》 中国出版传媒股份有限公司主管,中华书局有限公司主办。1985年创刊,双月刊。国际标准刊号为 ISSN 0511-4713;国内统一刊号为 CN 11-1678/K;邮发代号为 18-350。

《**文献**》 文化部主管,国家图书馆主办。1979年创刊,季刊。国际标准刊号为 ISSN 1004-3241;国内统一刊号为 CN 11-1588/G2;邮发代号为 28-210。

《**人民文学**》 中国作家协会主管,中国作家出版集团主办。1949年创刊,月刊。国际标准刊号为 ISSN 0258-8218;国内统一刊号为 CN11-1511/I;邮发代号为 2-4。

《**当代**》 人民文学出版社主办。1979年创刊,双月刊。国际标准刊号为 ISSN 0257-0165;国内统一刊号为 CN 11-1282/I;邮发代号为 2-161。

《**收获**》 上海市作家协会主办。1957年创刊,双月刊。国际标准刊号为 ISSN 0583-1288;国内统一刊号为 CN 31-1148/I;邮发代号为 4-7。

《**花城**》 南方出版传媒股份有限公司主管,广东花城出版社主办。1979年创刊,双月刊。国际标准刊号为 ISSN 1000-789X;国内统一刊号为 CN 44-1159/I;邮发代号为 46-92。

《**十月**》 北京出版集团公司主办。1978年创刊,双月刊。国际标准刊号为

ISSN 0257-5841；国内统一刊号为 CN 11-1102/I；邮发代号为 2-162。

《作家》 教育部主管，吉林省作家协会主办。1936 年创刊，半月刊。国际标准刊号为 ISSN 1006-4044；国内统一刊号为 CN 22-1028/I；邮发代号为 12-1。

《小说月报·原创版》 创刊于 2003 年，双月刊。天津出版传媒集团有限公司主管，百花文艺出版社主办。国际标准刊号为 ISSN 1672-5980；国内统一刊号为 CN 12-1360/I；邮发代号为 6-25。

《北京文学》 由北京市文学艺术界联合会主办。1950 年创刊，月刊。分为《北京文学·精彩阅读》《北京文学·中篇小说月报》，均为月刊。《北京文学·精彩阅读》国际标准刊号为 ISSN 0257-0262；国外邮发代号为 M428；国内统一刊号为 CN 11-1122/I；邮发代号为 2-85。《北京文学·中篇小说月报》，刊载中篇小说，国际标准刊号为 ISSN 0257-0262；国内统一刊号为 CN 11-1122/I；邮发代号为 82-106。

《上海文学》 中国作家协会主管，上海市作家协会、上海市《劳动报》社联合主办。1953 年创刊，月刊。国际标准刊号为 ISSN 1001-8026；国内统一刊号为 CN 31-1095/I；邮发代号为 4-219。

《小说界》 上海文艺出版集团有限公司主管，上海文艺出版社主办。1981 年创刊，双月刊。国际标准刊号为 ISSN 1005-7706；国内统一刊号为 CN 31-1130/I；邮发代号为 4-436。

《小说评论》 陕西省作家协会和西安工业大学主办。1985 年创刊，双月刊。国际标准刊号为 ISSN 1004-2164；国内统一刊号为 CN61-1017/J；邮发代号为 52-108。

《中国现代文学研究丛刊》 中国作家协会主管，中国现代文学馆主办。1979 年创刊，月刊。国际标准刊号为 ISSN 1003-0263；国内统一刊号为 CN 11-2589/I；邮发代号为 2-667。

《外国文学》 教育部主管，北京外国语大学主办。1980 年创刊，双月刊。国际标准刊号为 ISSN 1002-5529；国内统一刊号为 CN11-1248/I；邮发代号为 2-450。

《文史哲》 教育部主管，山东大学主办。1951 年创刊，双月刊。国际标准刊号为 ISSN 0511-4721；国内统一刊号为 CN 37-1101/C；邮发代号为 24-4。

《中国电视》 国家广播电视总局主管，中国电视艺术委员会主办。1982 年创刊，月刊。国际标准刊号为 ISSN 1002-4751；国内统一刊号为 CN 11-2751/

J；邮发代号为 2-870。

《**电影文学**》 1958 年创刊，半月刊。长影集团主办。国际标准刊号为 ISSN 0495-5692；国内统一刊号为 CN 22-1090/I；邮发代号为 12-8。

《**电影评介**》 当代贵州期刊传媒集团主管，电影评介杂志社主办。1979 年创刊，半月刊。国际标准刊号为 ISSN 1002-6916；国内统一刊号为 CN 52-1014/J；邮发代号为 66-9。

《**艺术百家**》 江苏省文化厅主管，江苏省文化艺术研究院主办。1985 年创刊，双月刊。国际标准刊号为 ISSN 1003-9104；国内统一刊号为 CN32-1092/J；邮发代号为 28-360。

《**新美术**》 中国美术学院主管、主办。1980 年创刊，月刊。国际标准刊号为 ISSN 1674-2249；国标统一刊号为 CN 33-1068/J；邮发代号为 32-141。

《**美术大观**》 北方联合出版传媒（集团）股份有限公司主管，辽宁美术出版社主办。1988 年创刊，月刊。国际标准刊号为 ISSN 1002-2953；国内统一刊号为 CN 21-1173/J；邮发代号为 8-1。

《**舞蹈**》 中国文学艺术界联合会主管，中国舞蹈家协会主办。1957 年创刊，双月刊。国际标准刊号为 ISSN 0512-4204；国内统一刊号为 CN 11-1546/J；邮发代号为 2-351。

部分高校社科类中文核心期刊：《北京大学学报（哲学社会科学版）》《中国人民大学学报》《北京师范大学学报（社会科学版）》《华中师范大学学报（人文社会科学版）》《华东师范大学学报（哲学社会科学版）》《华东师范大学学报（教育科学版）》《华南师范大学学报（社会科学版）》《东北师大学报（哲学社会科学版）》。

二、中小学图书馆馆配期刊推荐目录

2016 年，中国教育装备行业协会联合中国期刊协会编制 50 种《中小学图书馆馆配期刊目录》。2017 年，中国期刊协会组织专家进一步评选出 100 种馆配推荐期刊（30 种教师类和 70 种学生类）。2019 年，中国期刊协会又一次组织专家择选推荐小学图书馆推荐期刊目录 74 种，初中图书馆推荐期刊目录 90 种，高中图书馆推荐期刊目录 94 种，详见书后附录。

第三节　电子期刊检索系统

一、电子期刊概述

电子期刊是利用电子技术出版的期刊。世界上最早的联机期刊是美国科学发展协会与联机图书馆中心共同出版的《最新临床试验联机杂志》（*The Online Journal of Current Clinical Trials*）。我国第一种网络化电子期刊是 1995 年创办的《神州学人》。按出版的载体不同，可将电子期刊分为软盘电子期刊、光盘电子期刊和联机 / 网络化电子期刊。

电子期刊具有成本低、价格便宜、信息量大、检索便捷、传递速度快、信息传播及时、交互智能及界面友好等特点。到目前为止，查考 20 世纪 80 年代以后的报刊资料，完全或主要依靠电子版检索工具。目前已有《中国学术期刊（光盘版）》电子杂志社有限公司和同方知网（北京）技术有限公司联合出版发行的中国学术期刊（网络版）、北京万方数据股份有限公司的中国学术期刊数据库、重庆维普资讯有限公司的中文科技期刊数据库等多家电子期刊数据库，累计收录电子期刊 1 万种以上，基本囊括了主要的中文期刊，内容包含了全部的学科。

中文电子期刊出版的共同特点：（1）电子版滞后于印刷版的出版（滞后期至少 2 个月）；（2）除通用的 PDF 格式外，数据库商还要使用自己的专用格式，如中国学术期刊（网络版）的 CAJ 格式；（3）电子期刊出版商收录期刊的重复率较高；（4）在国内建立镜面较多，目前尚很难做到与其他文献和系统之间的整合。

二、中国学术期刊（网络版）

中国学术期刊（网络版）又称"中国期刊网"，由《中国学术期刊（光盘版）》电子杂志社有限公司和同方知网（北京）技术有限公司联合出版，是目前国内最大的学术期刊。其数据库收录自 1915 年至 2019 年 5 月（部分期刊回溯至创刊）出版的期刊 8688 种，1578786 期，全文 54110827 篇，并保持每日更新。

中国学术期刊（网络版）收录的期刊均已有印刷版，并全部解决版权问题，内容涵盖自然科学、工程技术、农业、哲学、医学、人文社会科学等各个领域。全部期刊分为十大专辑：基础科学、工程科技 I 辑、工程科技 II 辑、农业科技、医药卫生科技、哲学与人文科学、社会科学 I 辑、社会科学 II 辑、信息科技、经济与管理科学。十大专辑下分为 168 个专题。

中国学术期刊（网络版）提供题录数据库、题录摘要数据库和全文数据库，网上可免费检索查看题录数据库、题录摘要数据库的目次和摘要，但阅读和下载全文需付费。

中国学术期刊（网络版）详细内容可翻阅本书第三章第一节。

三、中国学术期刊数据库

（一）概述

北京万方数据股份有限公司是国内较早以信息服务为核心的股份制高新技术企业，是在互联网领域集信息资源产品、信息增值服务和信息处理方案为一体的综合信息服务商。万方数据知识服务平台（http://www.wanfangdata.com.cn/index.html）1997 年 8 月开始对外服务，以收录科技信息为主，集经济、社会、人文等相关信息为一体。

万方数据知识服务平台拥有期刊、学位论文、会议论文、中外专利、中外标准、科技成果、图书、法律法规、科技报告、地方志、年鉴和视频 12 种资源。

中国学术期刊数据库（China Online Journals，简写为 COJ）是万方数据知识服务平台的核心内容之一。期刊资源包括中文期刊和外文期刊，中文期刊收录自 1998 年以来国内出版的各类期刊 8000 余种，其中收录各类核心期刊2300 余种（截止到 2018 年），涵盖了自然科学、工程技术、医药卫生、农业科学、哲学政法、社会科学、科教文艺等各个学科；外文期刊主要来源于 NSTL（国家科技图书馆文献中心）外文文献数据库、牛津大学出版社等数十家国外出版机构，以及 DOAJ、PubMed 等知名开放获取平台，收录世界各国出版的40000 余种重要学术期刊。论文总数量 1 亿余篇，每年约增加 300 万篇，每周更新两次。

中国学术期刊数据库（http://c.wanfangdata.com.cn/）收录的全部期刊被分为八个专辑，即哲学政法、社会科学、经济财政、教科文艺、基础科学、医药卫生、农业科学、工业技术，每个专辑下再细分二级、三级类目。

（二）检索功能

中国学术期刊数据库提供导航、检索和智能辅助检索功能。导航主要是期刊导航；检索包括简单检索、高级检索和专业检索；智能辅助检索提供中英文扩展、主题词扩展。

1. 期刊导航

可以按刊首字母顺序（A—Z）、学科、核心收录（EI、ISTIC、PKU、NJU、SCI）、收录地区、出版周期、优先出版来浏览期刊。期刊页面提供刊物的基本信息，如封面、主办单位、联系方式、特色栏目等，可进行刊内检索。

2. 简单检索

万方数据知识服务平台的默认检索方式。在检索主页单击"期刊"，选择检索字段（题名、作者、作者单位、关键词、摘要、刊名、基金），在万方智搜检索框内输入关键词，可分别对期刊和论文进行检索。

3. 高级检索

单击万方数据知识服务平台主页中的"高级检索"链接，就可进入高级检索页面。用户可以通过对多个字段进行检索条件的设置，对检索结果加以限制。系统提供的检索字段有主题、作者、题名、关键词、摘要、DOI（全称为Digital Objects Identifier，即数字化对象标识符，是由一系列数字、字母或其他符号组成的字符串，目前广泛应用在数字资源的标识中）等，还可利用发表时间来限定检索结果。

4. 专业检索

万方数据知识服务平台常用检索字段有主题、题名或关键词、题名、第一作者、作者单位、作者、关键词、摘要、基金、DOI。更多检索字段，可单击右侧可检索字段选择。

运算符优先级：（　）＞ not / ^ ＞ and / * ＞ or / +。

运算符：万方智搜支持逻辑运算符、双引号以及特定符号的限定检索。可以使用如图 5-3-1 所示运算符构建检索表达式。

运算符	检索含义	检索举例
AND/and/*	逻辑与运算，同时出现在文献中	主题:(信息管理) and 作者:(马费成)
OR/or/+	逻辑或运算，其中一个或同时出现在文献中	题名:(信息管理) or 摘要:(武汉大学)
NOT/not/^	逻辑非运算，后面的词不出现在文献中	题名或关键词:(信息管理 not 信息服务)
" "	精确匹配，引号中词作为整体进行检索	题名:("信息管理")
()	限定检索顺序，括号内容作为一个子查询	题名:((信息管理 not 信息服务) and 图书馆)

注：① 逻辑运算符存在优先级，优先级顺序 ()>not>and>or。
② 运算符建议使用英文半角输入形式。

图 5-3-1 万方智搜支持检索的运算符

5. 二次检索

系统提供对标题、作者、关键词、刊名、年限字段进行限定的二次检索功能。

（三）检索结果

检索结果页面有列表和简介两种显示形式，系统默认的是简介形式。可按学科分类、刊名、年份等分面浏览检索结果。检索记录包括题名、作者、来源期刊名称、出版年、卷期、关键词、摘要、被引次数等。来源期刊后面"北大核心"表示来源期刊被北京大学图书馆主持编写的《中文核心期刊要目总览》收录，"CSSCI"表示被《中文社会科学引文索引》收录，"ISTIC"表示被中国科学技术信息研究所的《中国科技期刊引证报告》收录。

中国学术期刊数据库提供的排序功能有相关度、出版时间、被引频次、下载量、获取范围。

四、中文科技期刊数据库维普资讯中文期刊服务平台

重庆维普资讯有限公司（以下简称维普资讯）成立于 1995 年，前身为中国科学技术信息研究所重庆分所数据库研究中心，是中国第一家进行中文期刊数据库研究的机构。

（一）维普资讯中文期刊服务平台简介

维普资讯中文期刊服务平台（http://qikan.cqvip.com/）是以中文期刊资源保障为核心基础，以数据检索应用为目的，以数据挖掘与分析为特色，面向教、学、产、研等多场景应用的期刊大数据服务平台。

图 5-3-2　维普资讯中文期刊服务平台主页

中文科技期刊数据库是维普资讯的核心产品，在中文科技期刊数据库的基础上发展而来。期刊初始年限为 1989 年，截止到 2018 年，文献总量 6600 余万篇，收录的期刊按学科分为哲学宗教、政治法律、文化科学、经济管理、文学、艺术、自然科学总论、电子电信、农业科学、医药卫生、化学工程、理学等 35 个学科大类，457 个学科小类。

（二）检索方法

维普资讯中文期刊服务平台提供期刊导航、基本检索、高级检索、检索式检索、检索历史以及在检索结果中进行二次检索等方式。此外，还可以通过学科类别、期刊范围和数据年限来限定检索范围，或使用逻辑运算符 AND（*）、OR（＋）、NOT（－）来表示逻辑组配关系或构造检索式。

1. 期刊导航

在维普资讯中文期刊服务平台主页左上方点击"期刊导航"，即可进入期刊导航页面。期刊导航提供六种浏览方式，即按刊名首字母顺序（A—Z）、期刊学科分类、核心期刊、国内外数据库收录、地区、主题。用户还可以通过刊名、ISSN、CN、邮发代号、主办单位、主编等查看某一期刊收录的文章，浏览题录、文摘或下载全文。

2. 基本检索

维普资讯中文期刊服务平台提供的默认检索方式。在主页检索页面上直接选择检索字段，在检索框中输入相应的检索词，单击"检索"按钮，就可完成检索过程。数据库提供 14 个检索字段：任意字段、题名或关键词、题名、关键词、刊名、作者、第一作者、机构、文摘、分类号、参考文献、作者简介、基金资助、栏目信息。

3. 高级检索

在维普资讯中文期刊服务平台主页右边选择"高级检索",即可进入高级检索页面。检索框可支持"与"(AND)、"或"(OR)、"非"(NOT)三种简单逻辑运算,如图 5-3-3 所示。

图 5-3-3 维普资讯中文期刊服务平台高级检索页面

逻辑运算符 AND、OR、NOT 必须大写,且前后必须空一格;逻辑运算符优先级为 NOT > AND > OR,且可通过英文半角"( )"进一步提高优先级;精确检索使用检索框后方的"精确"选项。

4. 检索式检索

检索界面:可以在检索框中使用布尔逻辑运算符对多个检索词进行组配检索。执行检索前,还可以选择时间、期刊来源、学科等检索条件对检索范围进行限定。每次调整检索策略并执行检索后,在检索区下方均会生成一个新的检索结果列表,方便用户对多个检索策略的结果进行比对分析。

检索条件限定:使用检索条件限定可以进一步缩小检索范围,获得更符合需求的检索结果。可以根据需要,选择合适的时间限定、学科限定、期刊范围等限制条件。

检索说明:(1)逻辑运算符 AND(逻辑"与")、OR(逻辑"或")、NOT(逻辑"非")。(2)字段标识符 U = 任意字段、M = 题名或关键词、K = 关键词、A = 作者、C = 分类号、S = 机构、J = 刊名、F = 第一作者、T = 题名、R = 文摘。

书写规则:字段标识符必须为大写字母,每种检索字段前都须带有字段标识符。相同字段检索词可共用字段标识符，例如 K = CAD + CAM。

5．检索历史

它保存历史的检索结果，可以直接通过检索表达式定位到检索结果，同时可以对检索结果进行二次逻辑组配检索。

五、民国时期期刊全文数据库（1911—1949）

国家图书馆建有民国中文期刊资源库，主要以书目数据、篇名数据、数字对象为内容，提供简单检索、高级检索、二次检索、关联检索和条件限定检索。现提供 4351 种期刊电子影像的全文免费浏览。

数据库网址为 http://mylib.nlc.cn/web/guest/minguoqikan。

图 5-3-4　国家图书馆——民国中文期刊资源库

六、国家哲学社会科学学术期刊数据库

国家哲学社会科学学术期刊数据库，简称国家期刊库（NSSD），是目前国内最大的公益性社会科学精品期刊数据库，由中国社会科学院承建，具体责任单位为中国社会科学院图书馆（调查与数据信息中心）。该数据库系统平台于 2013 年 7 月 16 日正式上线，目标是将国家期刊库建设成为我国国内最大的公益性社会科学精品期刊数据库、最大的社会科学开放获取平台，实现学术资源的开放共享。

数据库网址为 http://www.nssd.org/。

图 5-3-5 国家哲学社会科学学术期刊数据库主页

1. 资源内容

国家期刊库收录精品学术期刊 2000 多种，论文超过 1000 万篇，以及超过 101 万位学者、2.1 万家研究机构相关信息。其中包括国家社科基金重点资助期刊 187 种，中国社会科学院主管主办期刊 80 多种，三大评价体系（中国社会科学院、北京大学、南京大学）收录的 600 多种核心期刊，回溯到创刊号期刊 700 多种，最早回溯到 1920 年。

该系统平台资源中，与中小学教育教学相关的期刊包括《中国电化教育》《课程、教材、教法》《中国教育学刊》《外国中小学教育》《当代教育科学》

《现代中小学教育》《教学与管理：理论版》《中小学教师培训》等。

2．检索方式

该数据库提供简单检索和高级检索，其中高级检索可以实现多个检索条件进行逻辑组配检索。检索字段包括题名、关键词、机构、作者、文摘、刊名、分类号、ISSN、基金资助、全文检索等。

3．登录方式

个人用户：注册后在任何地点都可以登录使用。

机构用户：签署机构用户授权使用协议，在机构 IP 范围内无需登录，直接使用。

在数据库中检索到的所有文献都可以免费在线阅读和全文下载。

第四节　全国报刊索引

一、《全国报刊索引》印刷版简介

　　《全国报刊索引》是由上海图书馆编辑出版的月刊，是历史悠久的中文报刊文献检索工具。1955 年 3 月创刊，原名《全国主要期刊资料索引》，双月出版。从 1956 年起，收入报纸的内容，改名为《全国主要报刊资料索引》，同年 7 月起改为月刊。1959 年起分成"哲学社会科学"与"自然科学技术"两册同时出版，仍为月刊。1966 年 10 月至 1973 年 9 月停刊。1973 年 10 月复刊时正式改名为《全国报刊索引》，月刊，但不分册。1980 年又分成《全国报刊索引（社科版）》与《全国报刊索引（科技版）》两刊，出版至今。

　　《全国报刊索引》使用时要注意以下几点：（1）1980 年以前收录范围仅限于公开出版的报刊；（2）1966 年 10 月到 1973 年 9 月停刊，查检这段时期的报刊资料可利用山东师范学院政史系编的《教学参考资料索引》，其收录 1966 年 6 月到 1974 年全国主要报刊的篇目；（3）查检本索引创刊前的资料，可利用江苏省立教育学院研究部资料室编《报章杂志参考资料索引》（1949 年 10 月—1950 年 6 月，半月刊）、人民日报图书馆资料组编《一九五〇年全国主要期刊重要资料索引》、山东省图书馆编《全国主要期刊重要资料索引（1951—1955）》；（4）本索引无累积本，进行回溯性检索时只能逐期按同一类目查阅。分类表先后进行过几次修订，使用时亦须注意。此外，上海社会科学院图书馆编印有《内部资料索引》（双月刊），可与本索引配合使用。《全国报刊索引（哲社版）》从 1990 年第 1 期起改用电脑编排，新增加了作者索引和题中人名分析索引。

　　《全国报刊索引》收录了全国（包括港澳台地区）的报刊 8000 种左右，月报道量在 1.8 万条以上，年报道量在 44 万条左右，涉及人文、社会科学、自然科学以及工程技术领域，主要报道全国中央和省、市级出版的报刊上的资料篇目。

正文按自编《全国报刊资料分类表》归类编排，基本大类与《中国图书馆分类法》一致，但二级以下类目和类号系根据报刊资料特点另设。正文后附有个人著者索引、团体著者索引、题中人名索引以及收录报刊名录。

二、全国报刊索引数据库

（一）概述

全国报刊索引数据库原名中文社科报刊篇名数据库，是由文化部立项、上海图书馆承建的重大科技项目，由上海图书馆文达信息公司《全国报刊索引》编辑部负责研制和编辑的报刊数据库。数据取自《全国报刊索引（社科版）》，2000 年正式更名为全国报刊索引数据库（社科版），同年全国报刊索引数据库（科技版）正式推出。目前该数据库数据已回溯至 1833 年，年更新数据在 350 万条左右，是目前国内揭示中文报刊资源时间跨度最大（近一个半世纪）、报道报刊品种最多（2 万余种）的报刊数据库。

全国报刊索引数据库的著录字段包括顺序号、分类号、题名、著者、著者单位、报刊名、年卷期、所在页码、主题词、摘要等 10 余项。

数据库网址为 http://www.cnbksy.com/。

（二）数据库检索

1. 检索功能

（1）普通检索，是系统默认的检索方式，用户可根据需要选择。检索字段包括分类号、题名、作者、作者单位、文献来源、卷期、摘要、主题词等，还可以限定检索的时间范围。

（2）高级检索，可检索字段及检索限定同普通检索，检索字段之间可进行各种逻辑组配。

（3）专业检索，提供命令检索的查询方式，可直接输入组配好的检索式进行检索。如图 5-4-1 所示。

图 5-4-1　高级检索页面和专业检索页面

（4）文献导航，包括近代期刊、现代期刊、会议论文。

近代期刊可根据刊名、创刊年、主办单位、出版地检索期刊，也可按字母导航（A—Z）。

现代期刊，可按字母导航（A—Z），根据期刊名的首字母排列顺序进行浏览，中文期刊为刊名第一个字拼音的首字母，外文期刊为刊名的首字母；也可按学科分类导航浏览，系统按《中国图书馆分类法》把全部期刊分为十三大类（图 5-4-2）；每一个大类下再分为二级、三级类目，可逐级点击。

会议论文，可按字母导航（A—Z），根据会议论文集名称的首字母排列顺序浏览会议论文集；也可按会议论文集名称、论文形式、出版单位、出版地浏览会议论文；还可以对论文集内单篇文献进行检索。

（5）图片检索。数据库汲取了 25000 余种近代期刊中的图片，包括照片、绘画、书法、木刻、手稿、漫画等多种类型的近代期刊图片，如图 5-4-3 所示。

图片检索系统支持普通检索和高级检索功能。检索字段包括图片标题、图片责任者、文献来源。

图 5-4-2 现代期刊学科分类导航

图 5-4-3 图片检索

2. 检索技术

（1）模糊检索与精确检索。

（2）高级检索，支持检索框之间的三种逻辑组配：与、或、非。

（3）截词检索，支持前方一致检索，"?"代表 0 到多个字符。如在作者字段检索"王?"，可检索出姓王的所有作者；检索"王冬?"，则既可以检索出"王冬"，也可检索出"王冬梅"等；在年份字段输入"200?"，可检索出 2000 年及以后发表的文献。

（4）检索限定，包括限定检索的数据库 [近代期刊、现代期刊、现刊索引数据库（1980 年至今）等]、限定论文发表年代范围、限定学科范围。

169

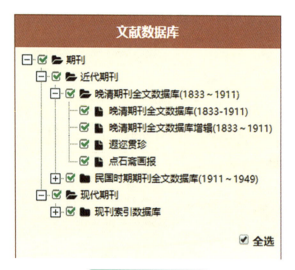

图 5-4-4　文献数据库

3．检索结果

（1）检索结果列表：检索结果默认按时间排序，还可按刊名或相关度排序。默认的显示格式字段包括题名、著者、刊名 / 会议名、年份、卷期、中图分类号和原文索取链接。每页最多可显示 50 条记录。

（2）详细记录：详细记录包括刊名 / 题名、著者、著者单位、年、卷期（页）、主题词、摘要和上海图书馆的馆藏索取号等字段。

（3）重新检索：包括在结果中检索、在结果中添加、在结果中去除。

（4）标记文件：可逐篇标记所需文献，也可单击"全选"框选择标记当前页的全部记录，翻页时，可保留已标记的记录。

（5）文件下载：可以文本文件的形式下载所有标记的记录。

4．用户服务

单击检索结果页左下方的"原文索取"，可向上海图书馆申请以邮件、邮寄或传真的方式获取文献。

第五节　复印报刊资料

一、复印报刊资料简介

复印报刊资料是把公开发表在报纸杂志的文献资料经过分类整理，复印全文或复印标题，装订成册，便于用户检索阅读的文献信息资料。

中国人民大学书报资料中心成立于 1958 年，是我国目前规模最大的社会科学学术文献信息服务机构之一。该中心以 4000 余种国内较为权威的中文报纸杂志为信息源，按学科、专题或行业进行整理加工，以学术期刊的形式向国内外公开出版发行。中国人民大学书报资料中心编辑出版的两种信息产品——"复印报刊资料"系列刊物和"报刊资料索引"系列刊物，是查考人文社科报刊论文资料的基本检索工具。

目前，中国人民大学复印报刊资料的纸质期刊系列按月出版，主要有复印报刊资料专题系列（21 种）、报刊资料索引系列（8 种）、文摘卡片系列（14 种）、中国报刊经济信息汇总系列（8 种）、综合文萃（2 种）、原发期刊（8 种）。

二、人大复印报刊资料库简介

人大复印报刊资料库是以中国人民大学书报资料中心的复印报刊资料为文献信息资源，辅以先进的检索方式、优质的期刊论文，经加工整理形成的人文科学、社会科学资料库。

人大复印报刊资料库由全文数据库、数字期刊库、专题研究数据库、中文报刊资料摘要数据库、中文报刊资料索引数据库、目录索引数据库六个数据库组成。

登录网址为 http://www.rdfybk.com/，提供 IP 登录、个人购买两种服务方式。

图 5-5-1 人大复印报刊资料库主页

1. 全文数据库

全文数据库囊括人文社会科学领域中的各个学科，包括政治学与社会学类、法律类、哲学类、经济学与经济管理类、文学与艺术类、教育类、历史类、文化信息传播类以及其他类。每个类别分别涵盖了相关专题的期刊文章，内容源于"复印报刊资料"系列纸质期刊。收录年限为 1995 年至今，部分专题可回溯到创刊年。

2. 数字期刊库

该数据库资源以整刊形式面向用户，用户可以查看期刊封面、期号等信息，同时可按期刊学科、期刊首字母拼音、期刊分类号、期刊属性等不同形式的查询方式进行信息资源检索。收录年限为 1995 年至今。按刊物类别，数字期刊库分为复印报刊资料系列、原发刊系列、文摘系列。

3. 专题研究数据库

该数据库内容涵盖人文社会科学领域中的理论前沿和社会热点问题，体现了"特色"与"精选"的结合。该库主要设有 26 种专题，其中包括中国立法、司法、政治、民族、社会等方面的问题研究，共收录 35 余万篇文章，每个专题里面又下设若干子库。

4. 中文报刊资料摘要数据库

中文报刊资料摘要数据库是人文社科文献要点摘编形式的数据库。数据库收集了中心出版的 14 种专题文摘，内容均为经高等院校和研究单位的专业人员提炼和浓缩的学术资料。数据量大，涵盖范围广，便于用户快速了解相关领域的研究状况，把握研究动态。数据库可通过主题词等常见字段进行检索，还可以使用逻辑组合方式进行精确检索。收录年限为 1993 年至今。

5．中文报刊资料索引数据库

该数据库为题录型数据库，汇集自 1978 年至今的国内公开发行的人文社科报刊上的全部题录。按专题和学科体系分为政治学与社会学类、法律类、哲学类、经济学与经济管理类、文学与艺术类、教育类、历史类、文化信息传播类以及其他类。600 多万条数据包含专题代号、类目、篇名、著者、原载报刊名称、刊期、"复印报刊资料"专题期刊名称及刊期等多项信息。该库可让用户及时了解本专业的研究状况和热点问题。

6．目录索引数据库

该数据库是题录型数据库，汇集自 1978 年至今"复印报刊资料"系列期刊的全部目录，按专题和学科体系编排而成，累计数据 70 多万条，每条数据包含专题代号、类目、篇名、著者、原载报刊名称及刊期、选印在"复印报刊资料"上的刊期和页次等多项信息。

三、人大复印报刊资料库检索

（一）检索方式

检索方式有简单检索、高级检索、分类浏览、期刊浏览。

1．简单检索

用户可选择主题词、标题、作者、作者简介、原文出处、全文、关键词、副标题检索字段，输入对应的检索词即可获得检索结果。

2．高级检索

不同的数据库提供不同的高级检索字段。

全文数据库提供的检索字段：主题词、标题、作者、关键词、正文、内容摘要、作者简介、译者、原文出处、分类名、原刊地名、原刊期号、原刊页号、期刊代号、期刊名称、副标题、英文标题、英文摘要、参考文献、作者单位。检索字段之间可进行各种逻辑组配。

中文报刊资料摘要数据库提供的检索字段：主题词、标题、作者、关键词、正文、内容摘要、作者简介、译者、原文出处、分类名、原刊地名、原刊期号、原刊页号、期刊代号、期刊名称、副标题、英文

标题、英文摘要。

中文报刊资料索引数据库提供的检索字段：主题词、标题、作者、期刊名称、期刊代号、原刊名称、副标题、作者简介。

目录索引数据库、数字期刊库分别提供的检索字段：主题词、标题、作者、关键词、正文、内容摘要、作者简介、译者、原文出处、分类名、原刊地名、原刊期号、原刊页号、期刊代号、期刊名称、副标题、英文标题、英文摘要。

文摘刊系列：人大复印报刊资料、文摘刊系列。

期刊查找：期刊名称、期刊代号、ISSN、期刊首字母。

其余数据库，系统提供 20 个检索字段（同全文数据库检索字段）。

图 5-5-2　人大复印报刊资料库——高级检索页面

3. 分类浏览

可按论文发表的年份、所属的专题和学科体系分类浏览论文。其中专题和学科体系包括法律类、经济学与经济管理类、教育类、历史类、文学与艺术类、文化信息传播类、哲学类、政治学与社会学类、其他类九大类，各大类下设置四级类目，个别类目最多可到七级。报刊摘要数据库的学科体系分为马克思主义文摘、哲学文摘、管理学文摘、社会学文摘、政治学文摘、法学文摘、经济学文摘、财会文摘、市场营销文摘、财政金融文摘、国际经济文摘、教育学文摘、文学研究文摘、历史学文摘十四个大类。

4. 期刊浏览

在检索主页点击数据库中的"数字期刊库"，进入数字期刊库检索页面，如图 5-5-3 所示。点击一种期刊，可以按年查看该刊的各期目录，并能链接到该期文章全文。

按期刊学科查找： 政治学与社会学类　法律类　哲学类　经济学与经济管理类　文学与艺术类　教育类　历史类
文化信息传播类　其它类　原发刊　全部

按期刊首字母查找： C D F G J K L M N P Q R S T W X Y Z 全部

按期刊分类号查找： A B C D F G H J K L M N V X Z 全部

期刊名称： 　　　　　　　　　　Q 检索　高级检索

图 5-5-3　人大复印报刊资料库——期刊浏览页面

（二）检索技术

（1）精确检索与模糊检索，系统默认为精确检索。

（2）布尔逻辑检索：支持"与""或""非"。

（3）检索限定：限定检索条件包括限定论文发表年代范围。

（4）支持输入繁体字、英文进行检索。

（三）检索结果

1. 检索结果格式

检索结果列表的每条记录只显示论文标题和作者字段，详细记录包括题名、专题号、专题名、分类号、分类名、作者、原刊名称、出版地、出版年份、原刊期号、原刊页号等字段。单击检索结果列表上方的"标题"按钮，可对检索结果按题名重新进行升序或降序排列。

2. 在结果中检索

可在检索结果中进行二次检索，检索字段同简单检索。

3. 标记文件

可逐篇或全部标记所需文献。系统不支持跨页标记，即只能标记当前页记录，翻页后已做标记将被自动清除。

4. 文件下载

单击单篇文章，即可显示全文；点击"打印"按钮，结果是网页打印版；点击"保存"按钮，就可以下载为 DOC 文档格式。

第六节　电子报纸

一、电子报纸概述

电子报纸，英文为 Electronic newspapers，是一种远程存取的电脑文件型报纸。它有两个必备条件：一是具备报纸的特征，即以刊登新闻为主，面向公众定期、连续发行；二是必须是通过电脑等阅读设备阅读，并依靠互联网发行的电子连续出版物。电子报纸最初指传统报纸的电子版，后来逐渐演变成信息量更大、服务更加充分的网络新闻媒体。

电子报纸具有时效性强、出版周期短、传播范围广、信息容量大、检索便捷、使用方便、互动性好等特点。同时，因为融合了多媒体技术，电子报纸突破了传统报纸只能用文字和图片表达的局限，可以方便地插入声频、视频或动画等，使新闻报道真正做到"有声有色"，增强动态感和感染力，给读者（用户）更生动的阅读体验。

二、电子报纸类型

1. 按载体形式可分为光盘版、网络版、手机版

光盘版即以光盘或硬盘等载体存储和发行的报纸，如《人民日报》图文光盘数据库、《参考消息》数据库等。这类载体的报纸数据库多以某种或某类报纸的回溯数据为主，如《人民日报》图文光盘数据库包括《人民日报》自 1946 年创刊以来的全部数据。

网络版即在互联网上建立一个独立的网站，报纸印刷版的内容在该网站中只是一个组成部分（把纸质报刊的内容原封不动地搬上网络），同时根据报刊的侧重点提供相关的新闻、信息和其他一些服务。它的目的在于建成综合性的信息平台，如人民日报、新华网、中国科技网、中国教育报、中青在线、京报网等。

手机版是依托手机媒介，由报纸、移动通信商和网络运营商联手搭建的信息传播平台，通过用户定制，将报纸信息发送到用户手机上，供用户浏览近期发生的新闻。《人民日报》《北京日报》《北京晚报》等都有手机版。

2．按内容可分为综合性报纸和专业性报纸

综合性报纸，内容涉及多个方面。专业性报纸，如计算机类、文学类、体育类、经济类等。

三、电子报纸的使用及查找

电子报纸包括网上免费的电子报纸和基于商业目的制作的电子报纸（一般收集报纸的回溯信息）。后者有些以单独的报纸全文阅读系统的形式出现，有些则被收录进其他的电子出版系统中，如全文数据库。下面介绍网上免费电子报纸的查找方法。

1．利用搜索引擎直接查找

目前比较著名的、大型的报纸都有网络版，可以很方便地利用搜索引擎查找。

2．利用网站上的集成电子报纸目录查找

利用网站上的电子报纸目录或链接等可以更快捷地获得电子报纸信息。

四、电子报纸的检索和阅读

电子报纸绝大多数是免费的，所以其检索功能都在相关的网站上实现。检索界面的设计比较简单，一般包括关键词、标题、日期等，其阅读也多为通用的方式。网络版电子报纸的文件格式多为文本格式、HTMI 或 PDF 等，可利用通用或者专用的阅读软件阅读。网上报纸可供免费检索和阅读的内容大多只限于最近一二年内，其完整的报纸内容（尤其创办以来的回溯内容）一般是不在网上免费公开的，而是以商业形式制作和销售。

五、代表性中文电子报纸

（一）独立性报纸

（1）《人民日报》图文数据库。《人民日报》图文数据库由人民日报社新闻信息中心提供，收录《人民日报》自创刊以来的全部图文信息并每日更新。

数据库提供日期、版次、栏目、作者、关键词等字段的检索，也支持全文检索，安装客户端软件后可利用 PDF 格式浏览原文。人民网上有《人民日报》等 4 种日报、《讽刺与幽默》等 5 种周报、《环球人物》等 9 种杂志可在线浏览阅读。

数据库网址为 http://paper.people.com.cn/。

（2）《经济日报》网址为 http://paper.ce.cn/jjrb/html/。

（3）《中国妇女报》网址为 http://paper.cnwomen.com.cn/。

（4）《农民日报》网址为 http://szb.farmer.com.cn/。

（二）报纸全文数据库

1. 中华数字书苑之数字报纸

北京方正阿帕比技术有限公司联合全国各大报社开发的以中国报纸资源为主体的全文数据库系统，是国内首个整报完整收录的报纸全文数据库，也是国内首个集文章内容全文检索和在线报纸原版翻阅为一体的报纸全文数据库。该数据库收录报纸近 500 种，覆盖了 60% 以上的报业集团报纸和省级以上各类报纸。除对报纸文章内容进行多途径的全文检索外，还可以实现对报纸中所有图片的独立检索，并可以通过图片直接定位到其所属的文章和报纸。该数据库目前以镜像和阅读机方式发行。

2. 中国重要报纸全文数据库

中国重要报纸全文数据库是中国知网文献资源总库的内容之一，收录了 2000 年以来国内 500 多种重要报纸的全文。

数据库网址为 http://kns.cnki.net/kns/brief/result.aspx?dbprefix=CCND。

（三）其他电子报纸

网上还有很多其他可供利用的免费报纸网站。

（1）新华网 – 新华社报刊，新华通讯社主办，可在线浏览《参考消息》《经济参考》《国际先驱导报》《现代快报》《现代金报》《中证报》等。网址为 http://www.news.cn/。

（2）光明数字报，可以在线阅览《光明日报》《文摘报》《中华读书报》等报纸的内容。网址为 http://epaper.gmw.cn/。

（3）京报网，北京日报报业集团主办，可以在线阅览《北京日报》《北京晚报》。网址为 http://www.bjd.com.cn/。

（4）中国日报网，国内最权威、最有影响力的英文报纸，报道政治、经济、军事、文化、教育、体育、科技等方面内容，网址为 http://www.chinadaily.com.cn/。

（5）中青在线，中国青年报社主办，可在线阅读《中国青年报》。网址为 http://www.cyol.com/。

（6）中国科技网，可在线阅读《科技日报》《科普时报》《大学生科技报》等。网址为 http://www.stdaily.com/。

（7）中国教育新闻网，可在线全文阅读《中国教育报》，网址为 http://www.jyb.cn/。

（8）中少在线，中国少年儿童新闻出版总社主办，可在线浏览阅读《中国少年报》《中国中学生报》《中国少年英语报》《中国儿童报》等。网址为 http://www.ccppg.com.cn/。

（9）《大公报》网络版，我国香港重要的报纸之一，具有百年历史，提供全球政治、财经、体育、教育等方面的新闻资讯。网址为 http://www.takungpao.com/。

我国香港地区的其他数字报纸还有《香港商报》（http://hkcd.com/ ）等。

图 5-6-1 《科普时报》电子报纸

■ 思考题

1. 简述核心期刊和同行评审期刊。

2. 简述国内三家电子期刊出版商检索方法的异同。

3. 简述全国报刊索引数据库的检索字段。

4. 简述人大复印报刊资料库的资源类型。

5. 如何进入国家哲学社会科学学术期刊数据库?

第六章
网络工具书

第一节　网络工具书简介

一、网络工具书概述

网络工具书兴起于 20 世纪 90 年代中后期。目前国内学者对网络工具书的认识尚未统一。综合各家说法，有学者加以概括并总结出：从狭义上看，网络工具书是指将传统的印刷型工具书数字化后形成的网络版。从广义上看，网络工具书指一切用来查检和查考的数字型资料。[①]

还有学者总结出网络版工具书具有以下特征：(1)以相应的印刷版为基础；(2)以互联网为传输介质，提供即时在线服务；(3)以计算机为查检工具，检索功能强大；(4)信息以数字化形式存在。[②]

网络工具书具有信息量大、内容丰富、使用方便、节约成本等优点；同时也存在一些不足，如阅读要依赖电子设备且不具备收藏价值。由于版权问题，网络工具书滞后于传统纸质工具书，成熟的网络工具书较少。

二、网络工具书的类型

1. 衍生型网络工具书

它是指传统工具书数字化形成的网络版。这类工具书以印刷版工具书为蓝本，完全不改变传统工具书的内容、体系，只是增加了相关条目之前的联系，如中国大百科全书数据库。

---

① 摘自寿曼丽《网络工具书初探》，《中国科技信息》2013 年第 6 期。

② 摘自冯向春《网络工具书资源的评价与利用》，《现代情报》2006 年第 6 期。

2．集成型网络工具书

它包括两种情况：一种是多种工具书的集成整合网站，如中国知网的中国工具书网络出版总库；另一种是以某一知名工具书为基础并整合其他资源，既保留了原有工具书的权威性、科学性与内容特色，又集成了其他工具书，同时筛选与提供网络资源，如《汉语大词典》&《康熙字典》（知网版）。

3．开放型网络工具书

它是指使用维基（Wiki）技术的网上免费参考工具书，也称维基百科。Wiki 是一种超文本系统，这种超文本系统支持面向社群的协作式工作，不但可以在 Web 的基础上对维基文本进行浏览，还可以任意创建和更改。也就是说，每位访问者可以同时扮演读者和作者的双重角色。①

---

① 选自黄莲芝《网络工具书探析》，《图书馆论坛》2007 年第 5 期。

第二节 中文网络工具书

一、中国工具书网络出版总库

（一）概述

中文网络工具书出现较早的当数中国知网的中国工具书网络出版总库（http://gongjushu.cnki.net/rbook/）。中国工具书网络出版总库（以下简称"工具书库"）是由《中国学术期刊（光盘版）》电子杂志社有限公司网络出版、同方知网（北京）技术有限公司研制发行，为"十一五"国家重大网络出版项目，"十一五"国家重点电子出版物规划选题。

图 6-2-1 中国工具书网络出版总库主页面

该库收录了 200 余家出版社的 8000 余种工具书，包含字典、词典、百科全书、手册、图谱、表谱、年鉴、类书、政书、丛书等类型，约 2000 万个条目，100 万张图片，内容涵盖哲学、文学艺术、社会科学、文化教育、自然科学、工程技术、医学等各个领域。

工具书库是传统工具书的数字化集成整合，按学科分为十大专辑 168 个专题，除保留纸本工具书的科学性、权威性和内容特色外，还利用现代技术实现全文检索，突破了传统工具书在检索方面的局限性；同时通过超文本技术建立了知识之间的链接和相关条目之间的跳转阅读，使读者在一个平台上能够非常方便地获取分散在不同工具书里具有相关性的知识信息。

工具书库在实现库内知识条目之间的关联的同时，还在每一个条目后面链接了相关联的学术期刊文献、硕士博士学位论文、会议论文、报纸、年鉴、专利、知识元等，帮助人们了解最新进展，发现新知，开阔视野。

工具书库在总库基础上划分为语文馆、专业馆、百科馆，列有字典、词典、百科词典等各种工具书类型，还有中小学工具书网络出版总库、《汉语大词典》&《康熙字典》（知网版）、商务印书馆精品工具书数据库、植物志等 8 个独立子产品。

（二）检索技术和方法

工具书库提供简单检索、高级检索、通配符检索、书目浏览四种检索方式。

1. 简单检索

系统设置的检索字段有条头精确（系统默认）、条头模糊、条目、图书。用户只需要选择检索字段，在检索框内输入需要查询的内容，按回车键，或点击"检索"按钮，就可以得到检索结果。"条头"检索等同于"全文"检索。

图 6-2-2　简单检索页面

如果需要查检字、词等，可借助三种输入助手，即部首、笔画、拼音。如查"囧"字，检索方法：点击"部首"，通过部首的笔画数找到"口"部，然后直接找到这个字即可，如图 6-2-3 所示。

图 6-2-3 输入助手检索页面

2．高级检索

系统支持布尔逻辑检索（"与""或""非"），系统设置的限制检索字段有条头精确（系统默认）、条头模糊、条目、图书，图 6-2-4 中的"+""−"按钮，用来添加或者减少检索条件。

图 6-2-4 高级检索页面

检索结果控制有出版时间、每页个数（最多可选 50 条，系统默认 10 条）。检索范围可选全库、语文馆、专业馆、百科馆等，或按工具书类型。

3．通配符检索

工具书库支持通配符检索（又称为"万用字元检索"）。当要查看包含相关字词的条目时，或者对某些词组及术语记不清楚时，可以使用"？"或者"*"

代替字词。

"？"和"*"就是通配符（万用字元），"？"表示一个字符，"*"表示多个字符或零个字符。

注意1："？"匹配该位置上的一个字符。

注意2："*"匹配该位置上的任意个字符。

注意3：通配符可放在检索词任意位置，可组合使用。

例如，在检索框内输入"茶 *"，将获得茶道、茶花女、茶马古道等多个字的条目。如果输入"茶？"，则获得茶经、茶黄、茶梅等两个字的条目。

4．书目浏览

点击检索框上侧"总书目"或在检索首页下拉页面滚动条，即可浏览工具书库收录的所有工具书。

详情列表	简单列表

共10873册

	书名	责任者	出版者
☐	世界地名翻译大辞典	周定国	中国对外翻译出版公司
☐	世界人名翻译大辞典·上	新华通讯社译名室	中国对外翻译出版公司
☐	世界人名翻译大辞典·下	新华通讯社译名室	中国对外翻译出版公司
☐	中国官制大辞典·上卷	俞鹿年	黑龙江人民出版社
☐	中国官制大辞典·下卷	俞鹿年	黑龙江人民出版社
☐	中国民间文学大辞典·上	马名超 王彩云	黑龙江人民出版社
☐	中国民间文学大辞典·下	马名超 王彩云	黑龙江人民出版社
☐	邓小平理论辞典	余源培	上海辞书出版社

图 6-2-5　书目浏览

（三）检索结果显示

1．检索结果列表

每一屏默认显示10条记录，最多可显示50条记录。每一条信息包括条目、条目出处、摘要。点击条目可以阅读全文，还可复制、粘贴。

2．检索结果排序

可按相关度、文字量、出版时间排序，系统默认为"相关度"；还可按有图、无图排序，系统默认为"有无图"。

3．检索结果筛选

可按工具书分类筛选，也可按全部或分馆筛选。

二、中小学工具书网络出版总库

中小学工具书网络出版总库（http://zref.cnki.net）是中国工具书网络出版总库的独立子库，内容涵盖语文、数学、英语、文科、理科、艺术、体育、技术、保健等中小学各个学科领域需要使用的各类工具书4000余种。使用方法同工具书库。

图 6-2-6 中小学工具书网络出版总库主页面

三、《汉语大词典》&《康熙字典》(知网版)

《汉语大词典》&《康熙字典》(知网版)(http://hd.cnki.net/kxhd)是中国工具书网络出版总库独立子库之一。该库将《汉语大词典》《汉语大词典订补》和《康熙字典(标点整理本)》整合在一起,收录单字条目和多字条目45万余条,共6000余万字。它具有专业的检索功能和知识关联功能,能全面满足文史工作者一站式查找和研究字词源流、读音、释义与书证的需要。

图 6-2-7 《汉语大词典》&《康熙字典》(知网版)主页面

该库提供"书证分析""音韵集成""简繁对照""通假字库""熟语大全""说文解字""专名详解""研究成果""规范字表"和"常用字表"服务功能,设立"上海辞书出版社工具书专柜",同时,依托中国知网工具书总库和知识文献库,建成了一个集字、词、文化以及各方面研究成果展示、学习和研究于一体的知识服务平台。

数据库提供的检索技术和方法:初级检索、高级检索、通配符检索、片语检索。

检索入口:"词目""释文""书证""分类索引"等。

匹配方式:提供"精确""模糊""通配符"三种匹配方式,默认的是"精确"检索。

输入助手功能:提供了部首、笔画、拼音和笔形代码四种输入方式。

提供附录:收录多种常用附录。

阅读全文时,该平台提供某字在不同工具书里的归部、小篆、古文、拼音、注音符号和音韵。

中小学图书馆员·基本素养和基本技能系列丛书

第三节　商务印书馆精品工具书数据库

　　商务印书馆精品工具书数据库也称商务印书馆"工具书在线"（http://www.icidian.com.cn/cpnet/），是商务印书馆有限公司研制出版、同方知网（北京）技术有限公司完成技术开发的在线工具书全文数据库，集成了商务印书馆出版的 29 部精品汉语言类工具书，类型包括字典、词典、成语词典、语典和专科辞典，共收录词目（累计）约 35 万条，约 6000 万字。

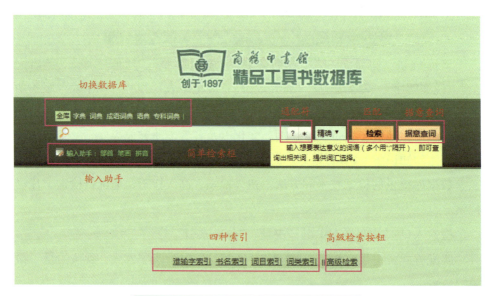

图 6-3-1　商务印书馆精品工具书数据库示意图

一、数据库的特点

　　（1）可以据意查词：根据想要表达的意思输入关键词（多个用"；"隔

开），可查询到意义相关词，提供词汇选择。

（2）语音朗读：真人发音，约65000个基本词目配有播音员真人发音朗读。

（3）汉字动态笔顺演示：2500个常用汉字配有笔顺动态 flash 演示。

（4）提供四种索引：难输字索引、书名索引、词目索引、词类索引。

（5）提供附录：收录32个常用附录。

二、检索技术和方法

系统提供初级检索、高级检索、通配符检索、片语检索和书目导航。

（1）检索入口有"词目""释文""书名""索引"等。

（2）提供"精确""模糊""通配符"三种匹配方式，默认的是"精确"。

（3）检索范围可选全库、字典、词典、成语词典、语典、专科辞典。

（4）提供三种输入助手功能：部首、笔画、拼音。

三、数据库收入的字典、词典

（1）字典类：《新华字典》《古汉语常用字字典》《新华多功能字典》《商务馆小学生字典》《新华写字字典》。

（2）词典类：《现代汉语词典》《新华词典》《现代汉语学习词典》《商务馆小学生词典》《新华同义词词典》（中型本）、《新华反义词词典》（中型本）、《商务馆小学生同义词近义词反义词词典》《新华新词语词典》《全球华语词典》《新华正音词典》《新华拼写词典》《商务馆小学生组词造句词典》。

（3）成语词典类：《新华成语词典》《汉语成语小词典》《商务馆中学生成语词典》《商务馆小学生成语词典》。

（4）语典类：《新华谚语词典》《新华惯用语词典》《新华歇后语词典》《俗语词典》《商务馆小学生谚语歇后语惯用语词典》《北京俏皮话词典》《古代汉语名言词典》。

（5）专科辞典类：《中国艺术百科辞典》。

第四节　中国大百科全书数据库

一、中国大百科全书数据库概述

中国大百科全书数据库（http://h.bkzx.cn/）由中国大百科全书出版社制作出版。中国大百科全书数据库完整收录《中国大百科全书》第一、第二版数据，数据库学科体系搭建完善，包括哲学、社会科学、自然科学等各个学科和领域的知识，共收录 16 万条目、80 个学科，2 亿文字量，100 万个知识点，10 万余幅图片、地图。此外，该数据库还收录了国家、人物、世界遗产名录、国家级非物质文化遗产等多种附录数据及特殊数据资源。

中国大百科全书数据库获"第三届中国出版政府奖电子出版物奖"。该数据库可以在 PC 端与移动端使用，也可在微信搜索公众号"中国大百科全书数据库"，按操作提示使用。

图 6-4-1　中国大百科全书数据库首页

二、检索方法

数据库提供导航和检索两种检索方式。

（一）导航

检索主页上提供分类、图片、国家馆、人物、大事记、历史今日、附录七种导航。

（1）分类导航：《中国大百科全书》（第一版）按学科分类，全书分为自然科学、人文与社会、工程与技术、农业与医药四个部分，每一部分下可展开若干个二级类目，共计 55 个二级类目。选择其中一个类目，就可获得该类目下的全部信息。《中国大百科全书》（第二版）按条目标题的汉语拼音字母 A—Z 的顺序排列，使用时，需按字母顺序查找信息。

图 6-4-2　中国大百科全书数据库分类导航检索页面

（2）图片导航：有图片及地图，按条目标题的汉语拼音字母顺序导航排列。

（3）国家馆导航：按地域分为亚洲、非洲、欧洲、北美洲、南美洲、大洋洲，按条目标题的汉语拼音字母顺序导航排列。

（4）人物导航：按中国科学院院士（信息技术科学部、化学部、哲学社会科学部、地学部、技术科学部、数学物理学部）、中国工程院院士（信息与电子工程学部，农业学部，化工、冶金与材料工程学部，医药卫生学部，土木、水利与建筑工程学部，工程管理学部，机械与运载工程学部，环境与轻纺工程学部，能源与矿业工程学部）、诺贝尔奖获得者（诺贝尔化学奖获得者、诺贝尔文学奖获得者、诺贝尔物理学奖获得者、诺贝尔生理学或医学奖获得者、诺贝尔经济学奖获得者）排列。

（5）大事记导航：按世界大事年表、中医学大事年表、中国文学大事年表、中国历史大事年表、交通大事年表、军事大事年表等 41 个大事年表排列。

（6）历史今日导航：按年、月、日从今往前的顺序排列。

（7）附录导航：有中华人民共和国法定计量单位、中国历史纪年表、全国

中小学图书馆员·基本素养和基本技能系列丛书

重点文物保护单位名单、国家级非物质文化遗产名录、常用非法定计量单位与法定计量单位的对照及换算表、数学符号表、世界遗产名录。

（二）检索

系统提供简单检索、高级检索、在结果中检索三种检索方式。

（1）简单检索：检索时只需在检索框中输入关键词即可。

（2）高级检索：支持布尔逻辑检索（"与""或""非"），系统设置的限制检索字段有中文名称、正文、作者检索、图片检索、任意词。检索页面支持组合检索，"+""-"按钮用来添加或者减少检索条件。

图 6-4-3　中国大百科全书数据库高级检索页面

（3）在结果中检索，即二次检索，可在分类、图片、国家馆导航的检索结果中进行检索，也可在简单检索、高级检索的检索结果中进行检索。

三、检索结果显示

检索结果有列表和平铺两种显示形式，系统默认的是列表形式，每一屏显示 10 条记录，每一条信息包括条目、出处、摘要、热链接。点击条目可以阅读全文，全文可复制、粘贴。

第五节 免费网络工具书

一、维基百科

维基百科（https://www.wikipedia.org/）于 2001 年 1 月 15 日正式上线，经过近二十年的发展，已成为当前世界最大、发展最快的网络百科全书，堪称众包模式应用的杰出范例。与传统百科全书相比，维基百科是一种基于互联网社区空间的开放式互动辞书：在遵守一些简单规则的情况下，任何一位使用互联网进入维基百科的用户都可以根据自己的兴趣对任何一个条目进行浏览、创建、评议、更改、置换等操作。这种人人参与、协同创作的新型辞书编纂范式不仅使得维基百科的采录内容"上不封顶，下不保底，四周无墙"，而且使其内容的创建和更新的速度大大加快，从而成为一部不断演进、"进化论式"的百科全书。

检索方式：主题词检索、分类检索、字顺检索。

二、百度百科

百度百科（https://baike.baidu.com/）于 2006 年 4 月上线，是百度公司推出的一部内容开放、自由的网络百科全书。目前已成为全球最大的中文百科全书。

百度百科提供检索和浏览两种检索方式，以及"反向链接"功能。

检索：关键词搜索（默认方式，以词条名称作为关键词）、全站搜索。

浏览：按开放分类的分类词进行浏览（即自然、文化、地理、历史、生活、社会、艺术、人物、经济、科技、体育），按词条首字的拼音顺序进行浏览。

图 6-5-1　维基百科主页页面

"反向链接"功能，即用户在浏览某词条时，可以看到这个词条被哪些其他词条链接。比如，从"柔石"的词条中就可以看到它被"早春二月、鲁迅、中国左翼作家联盟、左联、宁波"等词条引用，从而了解词条间的关系。

搜索框与百度的其他产品整合在一起，用户如果无法在百度百科搜索到需要的条目，就可以直接转换到百度的其他频道（如网页、新闻、贴吧、知道、音乐、图片、视频、地图、文库、百科）进行搜索，不需要重新输入关键词。

与其他网络百科全书相比，百度百科的检索途径更全，检索效率更高。

图 6-5-2　百度百科主页

第六节　中小学工具书网络出版总库的使用方法

一、网络工具书的检索应用

网络工具书具有信息量大、检索便捷、使用方便等特点，尤其是聚类功能强大，可以多角度对同一个知识内容进行描述，特别适合中小学师生使用。我们以中小学工具书网络出版总库（http://zref.cnki.net，以下简称工具书库）为例，并结合典型使用场景与中小学读者普适型需求，介绍一些使用方法。

工具书库的检索可分成知识点检索和整本书检索等。工具书库在首页分类集成了不同栏目，如图 6-6-1 所示。

图 6-6-1　中小学工具书网络出版总库主页

（一）知识点检索

用户可以在检索框内输入一个关键字 / 词 / 句，然后单击检索框后的"查知识点"，由此生成的网页就会显示检索结果。值得指出的是，在检索框上方有一排关键词，如"全库""语文""英语""数学"等，系统默认的是"全库"检索，也就意味着检索出来的知识点是融合了各个学科的知识。

如果只想检索某一学科的知识，需在检索框输入关键字／词后，点击检索框上方的具体学科，这样就能得到单一学科的检索结果。

工具书库中有很多图文并茂的工具书类型，在图录图鉴、百科全书中蕴含大量专业权威的学术图片，可在学习研究时参考引用。在工具书库检索时，可勾选"图片"选项，则检索结果将抽取工具书中相关图片予以呈现。

图 6-6-2　检索结果

（二）高级检索

高级检索是指通过多个条件查找、获取所需知识信息的过程。工具书库中的高级检索包括词条检索、工具书检索与辅文检索，系统默认的是词条检索。

点击首页检索框右侧的"高级检索"，即可启用工具书库的高级检索。

1. 词条检索

在高级检索的词条检索中，可按若干不同的词条、词目、书名等不同检索项设置逻辑关系后再进行检索。这里所说的词条是指具体工具书中要解释的指向对象，可以是字、词、诗歌等；词目一般是指收列的词语及其释文；工具书库中的书名是指某一工具书的名称。

2．工具书检索

工具书检索是快速查找所收录工具书名称的途径和方法，可按若干不同检索项，如书名、作者、出版社等进行相应设置，对于检索结果也可同步设定。比如可选择匹配项是模糊或是精确，选择排序方式中的权威值、相关度、出版时间的任一种类后，再一并检索。

3．辅文检索

辅文检索是快速查找工具书的前言、凡例、附录、编委会、作者简介、后记等辅助信息的途径和方法。

（三）工具书整书检索及书目导航

1．整书检索

点击首页检索框最右的"找书"，可以快速查找工具书。

打开检索单书的页面，我们能够按不同学科、不同分组浏览找到更多工具书，也可以按书名首字母、出版社、出版时间等多种方式排序工具书。

同时，如果喜欢某一本工具书，可收藏到书架。须登录后单击书名前面的方框画"√"，将书放入自己的书架。

图 6-6-3 工具书页面中的功能

2．书目导航

"书目导航"位于首页左侧，可单击某一学科直接进入学科类工具书检索结果页，如语文学科中的"文学鉴赏"。

书目导航文学鉴赏检索页中，检索出此类共有 269 种工具书，并可按工具书类型、书名首字母、出版社、出版时间进行分组浏览。

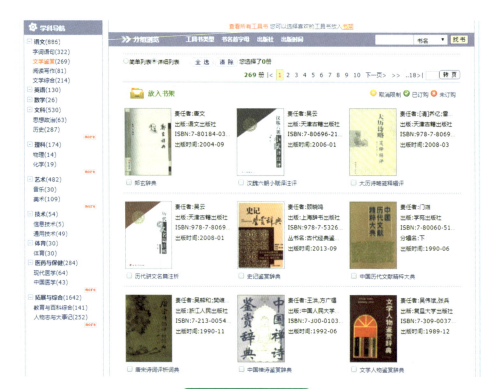

图 6-6-4　书目导航页面

现在，如想找到最新的文学鉴赏类工具书，单击"出版时间"，再单击下方的出版年份，最新的工具书会一目了然。在书的介绍中，可以清晰地看到该工具书的图样以及文字说明，说明中包括责任者、出版机构、ISBN、出版时间等。

二、工具书数据库的特色功能

（一）知识元链接功能

将工具书和期刊文章链接起来，随时解决备课、学习以及阅读过程中的疑难问题，提供正确可靠的参考资料。

例如检索"徐志摩"，工具书库不仅能给出几十条检索结果，还能提供与"徐志摩"相关的文章，而且这些文章已按期刊、报纸等多个门类分好，用户可及时了解"徐志摩"相关的最新研究动态，方便获取第一手的研究成果。

（二）检索便捷助手

工具书库的特色不仅限于上述功能，还体现在丰富的检索方式方面。除了常用的部首检字法、拼音检字法外，工具书库还提供通配符"*"和"？"的使用，使用户获取比查阅纸质工具书更快捷的体验。

1. 部首检字法：方便查找生僻字

在检索对话框的下方，点击"部首"即可使用。

2. 通配符：方便查找词语、成语、诗句等

通配符是指"*"和"？"。"*"和"？"可以放在词语或句子的任何位置，方便查找词语、成语、诗句等。例如，查找"喜"字开头的四字成语，后边用三个问号来代替，可以迅速找到想要的结果。通配符还可以放在词语中间。

此功能适合学生进行词语积累。

3. 划词链接

CNKI类型数据库都整合了工具书的嵌入式应用，读者在利用CAJ阅读器阅读文献的过程中如遇到生僻字、专业术语等疑难时，可直接点击鼠标右键，通过划词链接或屏幕取词的方式进入工具书库，扫除学习障碍，也能提升原有文献的价值和图书馆的知识服务能力。

三、工具书数据库常见问题与解答

1. 问：为什么要用工具书数据库？

答：以中小学工具书网络出版总库为例，其精选4000多种基础教育类词典、专科辞典、百科全书、鉴赏辞典、图谱等教学辅助性工具书资源，能够一站式检索来自多种工具书的权威释义，可实现随时随地检索应用，解决纸质版本工具书部头大、不易外借的问题；工具书数据库配备拼音、部首、笔画等多种检索输入方法，将纸质工具书的使用模式迁移至线上，更加易用；通过在文献查阅时利用划词链接等方式无缝查找工具书释义，保持思维连贯性，实现无缝阅读；检索时不仅可查出词条在工具书中的解释，也可查阅词条在期刊论文

中的研究论述，可以为中小学师生各学科的课堂教学和知识延展提供帮助。

2．问：什么叫作通配符检索？

答：通配符指"*"和"？"这两种特殊符号。通配符检索是一种适用于工具书产品的检索方式。在检索诗词、成语的时候如果遇到不认识的字词或者对词句记得不清晰，可以使用"*"或者"？"来替代相应的字词，然后选择"精确"查找，从而检索出正确的结果。

3．问：使用中小学工具书网络出版总库的部首检字法的时候，笔画数目应该怎么数？

答：与传统的纸质工具书不太一样。使用部首检字法的时候首先需要确定部首的笔画数，然后选择相应的数字；在下拉出来的表格中找到对应的部首。进一步找对应的汉字时，需要将部首的笔画数加上汉字剩余部分的笔画数，再选择对应的数字，才能找到想要查的字。

■ 思考题

1．简述网络工具书与印刷型工具书的区别。

2．网络工具书有哪些排检方法？

3．如何利用网络工具书检索知识内容？

第七章

网络资源检索与利用

第一节　搜索引擎

一、搜索引擎的概念

据《现代汉语词典》（第 7 版），"搜索引擎"是指互联网上的一种系统，用户通过输入关键词等，可以方便地查找能够提供有关信息的网站或网页。

二、搜索引擎的分类

1. 全文搜索引擎

全文搜索引擎是目前应用最广泛的主流搜索引擎，是根据用户在检索界面的文本框中输入的检索词，与数据库中的索引记录进行匹配比较，依次查找并返回用户所需信息的一种网络检索工具。Google（谷歌）、百度就是全文搜索引擎的代表。

全文搜索引擎的优点是检索效率高，能保证较高的查全率；缺点是返回的检索结果数量大，无关和冗余的信息较多，用户必须从中进行筛选。

2. 分类目录搜索引擎

分类目录搜索引擎也称为目录型搜索引擎，是浏览式搜索引擎，起源于Yahoo（雅虎），是将网络信息资源根据主题分层级、分类别组织，用户通过逐层浏览、逐步细化来寻找合适的类别直至具体信息资源。

分类目录搜索引擎的优点是，由于人工介入进行信息编辑，确保了信息准确，导航质量高；缺点是分类目录体系不够完善合理，人工维护工作量大，信息更新不及时，查全率不高。

3. 综合型搜索引擎

综合型搜索引擎是指同时提供全文检索和分类目录检索两种方式的网络检

索工具，用户既可以直接输入检索关键词查找特定的资源，又可逐层浏览目录了解某个领域的众多相关资料。

综合型搜索引擎将全文搜索引擎和分类目录搜索引擎的优点结合起来。目前大多数搜索引擎都同时提供关键词检索和分类目录浏览检索两种方式。

4. 元搜索引擎

元搜索引擎，又称为搜索引擎的搜索引擎，其工作原理是在接受用户查询请求时，同时在其他多个引擎上进行搜索，并将结果按照一定顺序返回给用户。它是对分布于网络的多种检索工具的全局控制机制。著名的元搜索引擎有 InfoSpace、Dogpile 等。

三、搜索引擎的使用技巧

如果把搜索引擎看作一个网络资源数据库，那么搜索引擎的检索和数据库的检索就有很多相同的地方。掌握搜索引擎的使用技巧，能够在很大程度上提高检索的查全率和查准率。下面以 Google 和百度为例，阐述搜索引擎的使用技巧。

（一）检索策略的使用

我们可以把搜索引擎看作一个网络资源数据库，因此数据库的检索策略也适用于搜索引擎检索，如逻辑组配、精确检索、通配符、字段限定检索等。见表 7-1-1、图 7-1-1.

表　7-1-1　检索策略

检索策略	检索符号	实现方式
逻辑组配	逻辑"与"（"AND""+"或空格）	必须同时满足前后条件
	逻辑"或"（"OR"）	满足前面的条件或者后面的条件
	逻辑"非"（"NOT""-"）	满足前面的条件，不满足后面的条件
精确检索	""或《》	引号中的词语不能分开

续　表

检索策略	检索符号	实现方式
通配符	*或?	通常在英文检索中使用，代表一个不确定的字母或多个字母
字段限定检索	intitle	将检索范围限制在网页的标题内
	intext	将检索范围限制在网页的正文中
	site	将检索局限在特定网站或者网域内
	inurl	检索地址中带有某个关键词的网页
	filetype	检索特定类型的文件

Google 搜索帮助

1．从搜索结果中排除特定字词

在要排除的字词前加 "–"，例如：Jaguar speed-car。

2．搜索完全匹配的结果

为字词或短语加上引号，例如："tallest building"。

3．在某个数字范围内执行搜索

在两个数字之间加上 "…"，例如：camera $50 … $100。

4．组合搜索

在各个搜索查询之间加上 "OR"，例如：marathon OR race。

5．搜索特定网站

在相应网站或网域前加上 "site"，例如：site:youtube.com 或 site:.gov。

6．搜索相关网站

在已知网址前加上 "related"，例如：related:tine.com。

图 7-1-1　Google 的部分检索策略

（二）提炼关键词

当我们遇到问题需要查找资料的时候，首先尝试用一句话把问题描述出来，然后从这句话中提炼关键词，运用检索策略进行检索。提炼关键词需要逐渐积累经验，但也有一些基本的原则。

百度的部分检索策略

1. 把搜索范围限定在网页标题中——intitle

网页标题通常是对网页内容提纲挈领式的归纳。把查询内容范围限定在网页标题中，有时能获得良好的效果。使用的方式是把查询内容中关键的部分用"intitle:"领起来。

2. 把搜索范围限定在特定站点中——site

有时候如果知道某个站点中有自己需要找的东西，就可以把搜索范围限定在这个站点中，提高查询效率。使用的方式是在查询内容的后面加上"site: 站点域名"。

例如：知道天空网下载软件不错，就可以这样查询：msn site: skycn.com

注意，"site:"后面跟的站点域名，不要带"http://"；另外，"site:"和站点名之间不要带空格。

3. 把搜索范围限定在 url 链接中——inurl

网页 url 中的某些信息，常常有某种有价值的含义。于是，如果对搜索结果的 url 做某种限定，就可以获得良好的效果。实现的方式，使用"inurl:"，后跟需要在 url 中出现的关键词。

例如，找关于 Photoshop 的使用技巧，可以这样查询：photoshop inurl:jiqiao。

上面这个查询串中的"photoshop"可以出现在网页的任何位置，而"jiqiao"则必须出现在网页 url 中。

注意，"inurl:"语法和后面所跟的关键词不要有空格。

4. 精确匹配——双引号和书名号

如果输入的查询词很长，百度在经过分析后，给出的搜索结果中的查询词可能是拆分的。如果对这种情况不满意，可以尝试让百度不拆分查询词。给查询词加上双引号，就可以达到这种效果。

例如，搜索"上海科技大学"，如果不加双引号，搜索结果被拆分，效果不是很好，但加上双引号后，搜索"上海科技大学"，获得的结果就全是符合要求的了。

书名号是百度独有的一个特殊查询语法。在其他搜索引擎中，书名号会被忽略，而在百度，中文书名号是可被查询的。加上书名号的查询词有两层特殊功能：一是书名号会出现在搜索结果中；二是被书名号括起来的内容不会被拆分。书名号在某些情况下有特别效果，例如，查名字很通俗和常用的那些电影或者小说。比如，查电影《手机》，如果不加书名号，很多情况下搜索的是通信工具——手机，而加上书名号后，搜索结果就都是关于《手机》这部电影方面的。

5. 要求搜索结果中不含特定查询词

如果发现搜索结果中有某一类网页是不希望看见的，而且，这些网页都包含特定的关键词，那么用减号语法就可以去除所有这些含有特定关键词的网页。

例如，搜"神雕侠侣"，希望是关于武侠小说方面的内容，却发现很多关于这部电视剧方面的网页，那么就可以这样查询：神雕侠侣－电视剧。

注意，前一个关键词和减号之间必须有空格，否则，减号会被当成连字符处理，而失去减号语法功能。减号和后一个关键词之间有无空格均可。

1. 反映事物本质特征

关键词一般是区别于其他同类信息的、最具代表性的、反映事物本质特征的名词，因此一些含义过于泛泛的名词如"研究""论述"等不适合作为关键词，一些含有其他词性的词也不宜作为关键词，应保证关键词的专注性、排他性。

2. 选择常用词作为关键词

关键词尽量使用主流的、常用的词语。先根据提出的问题类型，判断它属于生活问题还是属于学术问题，再选择最常用的表达方式作为关键词。

3. 表达信息要全面

为了保证检索的查全率，在找出若干关键词后，可以进一步找出这些关键词的同义词、近义词、上位词、下位词来扩大检索范围。例如，课本的同义词有教材、教科书，土豆的同义词有马铃薯，西南地区的下位词包括四川省、贵州省、云南省、西藏自治区、重庆市。可以用逻辑或运算符将同义词、近义词、上位词、下位词进行逻辑组配检索。

4. 边检索边调整关键词

信息资源检索往往不是一次就能达到最佳效果的，而是要在检索过程中不断调整检索策略和检索词，最终达到最佳的查全率和查准率。

（三）高级检索界面的使用

在逻辑组配检索使用不熟练的情况下，可以选择高级检索。高级检索界面的不同条件之间实质上就是逻辑组配的关系。高级检索界面集中了逻辑组配、字段限定、精确检索等多个检索策略，能够在很大程度上提高查准率。

图 7-1-2　Google 高级检索界面例 1

Google

高级搜索

使用以下条件来搜索网页

以下所有字词：　　　　　中小学 教学资源

与以下字词完全匹配：

以下任意字词：

不含以下任意字词：

数字范围：从　　　　　　　　　　　　　到

然后按以下标准缩小搜索结果范围

语言：　　　　　任何语言

地区：　　　　　任何国家/地区

最后更新时间：　　　一年内

网站或域名：　　　org

在搜索框中执行以下操作。

输入重要字词：杨山鸭型

用引号将需要完全匹配的字词引起：'鸭型'

在所需字词之间添加 OR：批发 OR 特价

在不需要的字词前添加一个减号：-山大、-'制型'

在数字之间加上两个句号并添加度量单位：10..35 斤、300..500 元、2010..2011 年

查找使用您所选语言的网页。

查找在特定地区发布的网页。

查找在指定时间内更新的网页。

搜索某个网站（例如 wikipedia.org），或将搜索结果限制为特定的域名类型(例如 edu、org 或 gov)

图 7-1-3 Google 高级检索界面例 2

第二节　部分免费网络资源简介

一、综合类免费网络资源——国家数字图书馆网络资源

中国国家数字图书馆网站（http://www.nlc.cn/）是国家图书馆的数字图书馆门户网站，读者可以在线检索国家图书馆的馆藏资源，免费浏览下载部分数字资源，在线观看国家图书馆公开课，了解国家图书馆举办的活动。

图 7-2-1　中国国家数字图书馆主页

1. 国家数字图书馆馆藏目录检索

中国国家数字图书馆网站馆藏目录检索提供简单检索和高级检索界面，读者可以检索国家图书馆收藏的中外文献、获取图书详细信息及馆藏信息，其中图书信息包括标准格式、MRAC 格式等信息。

图 7-2-2　国家数字图书馆热点书刊排行页面

图 7-2-3　国家数字图书馆专题推介界面

2. 国家数字图书馆主题书目介绍

国家数字图书馆热点书刊排行每月推出 10 本中文图书、10 本外文图书，给出图书的基本信息、索书号信息。专题推介栏目推出中华传统节日、红楼梦专题、鲁迅专题、科普专题、旅游专题等主题图书的基本信息、索书号信息、内容简介等。

3. 国家图书馆数字资源

国家图书馆部分数字资源支持远程访问浏览及下载全文，包括电子图书、电子期刊、音视频等类型资源。

图 7-2-4 国家数字图书馆读者门户界面

图 7-2-5 国图公开课页面

4. 国图公开课

国图公开课依托国家图书馆丰富的馆藏资源，以服务国家战略、传播中华优秀传统文化、提高公众文化生活品质为主线，一方面整合多种文献资源，并结合公开课自身的特点进行改造，以"互联网+"的形式展现给读者，另一方面结合最新热点和读者需求，为读者提供"O2O"的体验方式和全流程的学习方式。国图公开课网站有效整合了国家图书馆在长期实践中积累的数字资源，以精品视频课程为内容，以开放互动为形式，为用户提供在线视频学习服务。

二、人文历史类免费网络资源

（一）汉典网站

汉典网站（http://www.zdic.net/）是一个包含巨大容量的汉字、词语、短语、词组、成语及其他中文语言文字形式的免费在线辞典。汉典的宗旨是介绍中国文化、历史和语言，为那些在中文学习、研究方面有兴趣的人提供帮助与服务，并探讨中文语言文字使用的规范和标准。

图 7-2-6　汉典主页

汉典网站共有五个辅助的网站，包括汉典古籍、汉典诗词、汉典书法、汉典中文论坛及新建的汉典英文论坛。

汉典，直接输入汉字或词语即可进行查询，支持拼音查询。汉典古籍，按照经史子集四部分类法进行分类查询，用户点击图书名称，可以看到古籍全文。汉典诗词，按照历史年代的先后顺序查询，用户点击诗人名称，可以看到诗人作品全文。

（二）国学大师网站

国学大师网（http://www.guoxuedashi.com/）是以学习为主的非营利性网站，收录了大量汉字、词、成语、古籍、诗词曲、书法等类型的资源，还提供姓氏、年号、官职等历史文化常识在线查询，是目前网上收录古典文学作品最全最多的网站。网站针对不同资源，支持不同的检索方法，如提供部件查字，词首、词尾查词，支持布尔逻辑运算符的古籍全文检索，支持在线阅读、打包下载等检索阅读方式。用户直接登录网址即可查看内容，免费下载部分资源。

图 7-2-7　国学大师主页

（三）国学网

国学网大致可以分为三大类：国学普及网、国学商业型网站、国学研究型网站。

国学普及网，以国学的基础普及、交流、推广为主要内容的国学网站，最具代表性的是北京市老百姓国学会旗下的 123 国学网。

国学商业型网站，以国学相关产品的开发、销售为主要内容的网站，集中于笔墨纸砚、琴棋书画、汉服唐装、坐垫烛台、经典书籍等的传统文化产品。这一类国学网站最多，限于商业范畴。

国学研究型网站，以国学经典书籍的数据整理及研究为主要内容的国学网站，最具代表性的是首都师范大学推出的国学网。

国学网（http://www.guoxue.com/）是以国学经典书籍的数据整理及研究为主要内容的国学网站。网站开设有古籍备览、国学人物、国学书苑、国学投稿、国学专题、国学产品、学术期刊、诗词清话、海外汉学、国学入门、经济史论等板块。每一板块又如一个小型的网站，例如国学书苑板块设有好书推荐、古籍备览、大家经典、读书天下等栏目。

图 7-2-8　国学网主页

（四）抗日战争与近代中日关系文献数据平台

抗日战争与近代中日关系文献数据平台（http://www.modernhistory.org.cn/index.htm，以下简称抗战平台）是国家社科基金"抗日战争研究专项工程"的阶段性成果，由中国社会科学院、国家图书馆、国家档案局牵头，中国社会科学院近代史研究所和百度云承办的网络信息平台，如图 7-2-9 所示。抗战平台坚持"共享、公益、合作共赢"的理念，致力于汇集所有和抗日战争及近代中日关系有关的文献数据，借助开放、便捷的互联网技术向全球学术界、教育界以及民众提供永久免费服务。

目前，抗战平台收录 1949 年以前的各类文献 1000 万页以上，囊括档案、图书、期刊、报纸、图片、声频、视频等多种形式。个人免费注册账号之后，可获得免费下载权限，每月下载量可达 2000 页。

国家社科基金"抗日战争研究专项工程"　　　　　　　　　　　关于我们　登录

图 7-2-9　抗日战争与近代中日关系文献数据平台主页

三、科技类免费网络资源介绍

（一）中国科学技术协会网站

中国科学技术协会（简称中国科协）网站（http://www.cast.org.cn/）是中国科协主办的网站。中国科协由全国学会、协会、研究会和地方科协组成，组织系统横向跨越绝大部分自然科学学科和大部分产业部门，是一个具有较大覆盖面的网络型组织体系。中国科学技术协会网站发布科技、科普类的信息。

图 7-2-10　中国科学技术协会网站主页

（二）科普中国网站

科普中国网站（https://www.kepuchina.cn/）隶属于中国科学技术出版社，是中国科协为深入推进科普信息化而建设的网站。该网站以科普内容建设为重点，充分依托现有的传播渠道和平台，使科普信息化建设与传统科普深度融合，提升国家科普公共服务水平。

图 7-2-11　科普中国首页

科普中国 APP 包含中国科学技术出版社的消息资源，开辟了资讯专栏、视频专栏、活动专栏等信息资源。其中，科普视频专栏中有国外引进的美国宇航局 NASA 制作的天文学视频，麻省理工学院制作的化学实验视频，中国科学院、百度、腾讯等科普信息化承建单位制作的科普视频，还有科普中国动画团队制作的科普动画——《酷杰的科学之旅》。科普中国 APP 上的资源全部免费。二维码见图 7-2-12。

图 7-2-12　科普中国 APP

（三）中国数字科技馆网站

中国数字科技馆网站（https://www.cdstm.cn/）是由中国科协、教育部、中国科学院共同建设的以网络为主的科技教育平台。该网站集成和分享国内外优质科普资源，开展以网络为主要平台的科技教育，促进全社会参与科学传播，从而达到提升公民科学素质、加快网络科普发展的目标。

中国数字科技馆网站汇集了丰富的图片、动漫、声频、视频等数字化科普资源，其中《科学美国人》《学堂慕课》《院士说》等主题资源非常适合作为中小学生科普教育素材。

图 7-2-13　中国数字科技馆网站首页

（四）中国科协青少年科技中心网站

中国科协青少年科技中心（科普活动中心）网站（http://www.cyscc.org/）是中国科协所属社会公益性网站，从事向青少年和社会公众传播科学，开展示范性、导向性科学普及活动，组织青少年科技竞赛等工作。中国科协青少年科技中心网站发布中国科协面向青少年的最新资讯、科技活动及科教资源信息。

图 7-2-14　中国科协青少年科技中心网站首页

（五）中国科学家博物馆网站

中国科学家博物馆（公众版）网站（http://www.mmcs.org.cn/GZNEW/index.shtml）是中国科协主办的展现中国现代科学家学术成长历程的中国科学家门户网站，旨在弘扬科学精神、培育科学文化。网站采集老科学家学术成长资料。截至 2015 年 5 月，已有超过 300 位科学家和 2 个科学家群体的资料进入馆藏基地，实物原件资料 7 万余件，数字化资料 17 万余件，口述视声频资料 9000 小时以上，实现了对我国优秀老一辈科学家学术成果和科学思想的抢救性保存。

图 7-2-15　中国科学家博物馆网站（公众版）主页

四、中小学教育教学类免费网络资源介绍

（一）教育部基础教育司

教育部基础教育司（http://www.moe.gov.cn/s78/A06/）承担基础教育的宏观管理工作，拟订推进义务教育均衡发展政策，拟订普通高中教育、幼儿教育、特殊教育的发展政策；会同有关方面提出加强农村义务教育的政策措施，提出保障各类学生平等接受义务教育的政策措施；会同有关方面拟订义务教育办学标准，规范义务教育学校办学行为；拟订基础教育的基本教学文件，推进教学改革；指导中小学校的德育、校外教育和安全教育；指导中小学教学信息化、图书馆和实验设备配备工作。

图 7-2-16 教育部基础教育司网站首页

（二）国家教育资源公共服务平台

国家教育资源公共服务平台（http://www.eduyun.cn/）是由教育部主办，中央电化教育馆运行的面向全国中小学师生的教育资源服务平台，包括"一师一优课，一课一名师""中华经典资源库""在线会客室"等活动信息。在该网站注册登录后可以免费查看课程资源和教研资源。

图 7-2-17 国家教育资源公共服务平台网站首页

"一师一优课，一课一名师"包括自 2004 年以来教育部在面向全国征集课例"一师一优课，一课一名师"活动中评选出的部级、省级、市级优课资源，包括教学设计、课堂实录、教学资源。

"中华经典资源库"是由教育部、国家语言文字工作委员会主办的中华经典文化资源库，包括从先秦到近现代的诗文词曲、诸子百家、汉字与中华文化、少数民族文学文化经典等方面的资源。每门课程有讲解、诵读、书写的视频资源，课程出自名师，视频制作精良，是非常宝贵的学习中华经典文化的资源。

"在线会客室"是教育部主办的教研资源库，包括中小学各学科的来自全国优秀教研员、教师参与的在线教研资源。

（三）中小学教育联盟网

中小学教育联盟网（http://www.g12e.org/）是由正保远程教育集团与中国人民大学附属中学合作建立，依托"国家基础教育资源共建共享联盟"，旨在基础教育领域应用先进的 IPv6 及网格技术，建设一个全国性的教育资源共建共享平台，为教育领域的"下一代互联网"的到来创造条件。目前加盟的中小学校已发展到 4000 多所，其中包含中国人民大学附属中学、北京师范大学附属中学、哈尔滨市第三中学等。

平台资源是联盟校老师上传的教学资源，包括小学、初中、高中各阶段各学科的教学视频、教案、课件、试题、素材等。平台支持资源搜索、资源导航，注册登录后可以获得 17 积分。对于免费资源可以免费查看和下载，标明积分值的资源需要利用积分下载。积分可以通过上传资源、购买等方式获得。如果所在学校加入了国家基础教育资源共建共享联盟，则可以免费查看和下载网站资源。

（四）求学网

求学网（https://www.7139.com/）是一家免费教育资源网站，网站设置有教案、课件、练习题、板报、教材等 20 多个频道、4000 多个栏目。

图 7-2-18　中小学教育联盟网主页

图 7-2-19　求学网主页

　　该网站支持简单搜索、高级搜索、资源导航。注册登录后，对于免费资源可以免费查看和下载，对于标明了点数值的资源需要利用点数下载。点数可以通过签到、上传资源、购买等方式获得。网站中的大部分资源是免费资源。

第三节 其他网络资源

阅文集团：https://www.yuewen.com/

阅文集团成立于 2015 年 3 月，由腾讯文学与原盛大文学整合而成，是引领行业的正版数字阅读平台和文学 IP 培育平台。阅文集团旗下囊括 QQ 阅读、起点中文网等，拥有千万部作品储备，700 余万原创作者，覆盖 200 多种内容品类。

豆瓣：https://www.douban.com/

豆瓣是一个社区网站，由杨勃（网名"阿北"）创立于 2005 年 3 月 6 日。该网站以图书影音起家，提供关于书籍、电影、音乐等作品的信息，是互联网上流行风尚的发起者和推动者，已渐渐成为人们生活中不可缺少的一部分。

中国外国文学网：http://foreignliterature.cass.cn/

中国外国文学网由中国社会科学院外国文学研究所主办。该所主要研究和评价外国文艺理论、思潮、流派、重要作家与作品，编写重要国家和地区的文学史，组织翻译外国优秀文学作品和理论著作，主办《世界文学》《外国文学动态研究》《外国文学评论》三种刊物。

中国儿童文学网：http://www.61w.cn/

中国儿童文学网是一家以儿童文学为主题的专业文学网站，意在为孩子提供一片纯净的文学天空。网站创办于 2004 年，是国内最早的儿童文学网站，以公益为主旨，主要受众为幼儿、中小学生、老师、家长。

历代帝王纪年表网址：http://www.guoxue.com/history/histable.htm

中国年鉴网：http://www.yearbook.cn:2000/

中国历史课程网：http://hist.cersp.com/

中国历史网：https://www.y5000.com/

历史春秋网：http://www.lishichunqiu.com/

图 7-3-1　中国儿童文学网

历史春秋网成立于 2010 年 6 月 1 日，是一个关于中国历史、国学文化、中国古代历史、中华五千年文明史的公益性历史网站。

铜雀历史网：http://www.tqxz.com/

铜雀历史网是一个关于中国古代史、近代史及中国传统文化的历史类网站。

中华文史网：http://www.historychina.net/

中国历史地图集网：http://www.guoxue123.com/other/map/Zgmap/index.htm

国学导航：http://www.guoxue123.com/

百度地图：https://map.baidu.com/

高德地图：https://www.amap.com/

搜狗地图：https://map.sogou.com/

携程旅游网：https://www.ctrip.com/

CCTV 国家地理频道：http://www.cctv.com/geography/map/

艺术中国：http://art.china.cn/

艺术中国是由国务院新闻办公室领导，中国外文出版发行事业局管理的国家重点新闻网站——中国网（http://www.china.com.cn）旗下的专业艺术媒体网站。通过网络视频直播、图文报道、论坛互动等多种方式，全方位把握当代艺术业界的脉搏与动向。

图 7-3-2 艺术中国主页

中国艺术研究院网站：http://www.zgysyjy.org.cn/

中国艺术研究院是文化部直属的国家级艺术科研机构，是在中国戏曲研究院、中国音乐研究所、中国美术研究所的基础上发展起来的文化部直属的国家级艺术科研机构，1980 年 10 月经国务院批准定名。

中国艺术研究院形成了以艺术科研、艺术教育、艺术创作三足鼎立的发展格局，确立了全国一流、世界知名的艺术科研中心、艺术教育中心和国际艺术交流中心的发展目标。

中国国家博物馆网站：http://www.chnmuseum.cn/

中国国家博物馆是代表国家征集、收藏、保管、展示、阐释能够充分反映中华优秀传统文化、革命文化和社会主义先进文化代表性物证的最高机构，是国家最高历史文化艺术殿堂和文化客厅。中国国家博物馆现有藏品数量 140 余万件，涵盖古代文物、近现代文物、图书古籍善本、艺术品等多种门类。中国国家博物馆网站设有征集、保管、研究、展览、社教、文创等栏目。

中国美术馆网站：http://www.namoc.org/

中国美术馆是中国唯一的国家造型艺术博物馆。中国美术馆集展览、收藏、研究、公共教育、国际交流、艺术品修复、文创产业于一体，是中国美术最高殿堂，也是公共文化服务平台。

中国书法网：https://www.freehead.com/

中国篆刻网：http://www.zgzkw.com/

中国篆刻家网：http://www.zgzkjw.com/

国画家网：http://www.guohuajia.net/

雕塑网：http://www.diaosu.cn/

雕塑网（原中国雕塑网）是中国雕塑行业门户网站。设有艺术资讯、雕塑家、在线展厅、作品展示等栏目。

中国音乐家协会网站：http://www.chnmusic.org/

中国音乐家协会是全国性、专业性的音乐家组织，是全国各民族音乐家组成的专业性人民团体。中国音乐家协会网站设立了新闻中心、网上书店、协会专题、音乐考级、音协、协会乐博、名师高徒、刊物、协会视频、伴奏下载、协会章程等栏目。

曲艺库网站：http://www.qyk.cn/

曲艺库是中国曲艺家协会、中华曲艺学会、北京乐众互动文化有限公司、北京三信时代信息公司联合开通的曲艺网站，设立相声、小品、评书、二人转、苏州评弹等诸多栏目。

中国电影网：https://www.chinafilm.com/

1905 电影网：https://www.1905.com/

中国戏曲网：http://www.chinaopera.net/

昆曲网：http://www.52kunqu.com/

中国民俗网：http://www.chinesefolklore.com/

中国民俗网是由中央民族大学民俗文化研究中心、北京大道文化节目制作有限公司和国际亚细亚民俗学会中国分会主办的民俗网站。网站设立原创古典文学和民俗类知识平台，以原创小说、散文、杂文、诗歌为主要特色。中国民俗网致力于民俗文化的挖掘、收集、整理、传播，提供多姿多彩的中国各地民风民俗内容，包括民族民俗风情文化、风俗习惯、诗词古籍、经典美文、历史文化、小品相声、谚语对联等。

图 7-3-3　中国民俗网

中国民俗文化网：http://www.zgwhw.com/

中国民俗学网：https://www.chinesefolklore.org.cn/

■ 思考题

1. 简述搜索引擎的类型及使用技巧。

2. 分别利用谷歌、百度搜索引擎检索信息"唐诗三百首"，并比较检索结果。

3. 如何把国图公开课的资源介绍给本校师生？

4. 向本校师生介绍科技类免费网络资源。

第八章
信息检索案例

第一节　如何查找资料

——以部编版语文教材为例

部编版《高中语文必修（上册）》第二单元由新闻作品（人物通讯和新闻评论）和两首古诗组成，所选的课文意在说明劳动推动着社会的发展、时代的进步，同时也塑造着人的思想品格。

本文以第二单元所选两首古诗《芣苢》《文氏外孙入村收麦》为例，简要介绍如何查找相关文献，理解背景情况，理解选用这两首诗的意义。课文注明这两首古诗分别出自《诗经注析》和苏辙的《苏辙集·栾城三集》。课本注释有关内容，本文不作赘述。

一、关于《诗经·周南·芣苢》

《诗经》三百篇，为十三经之一，自汉代有齐鲁韩毛四家。《齐诗》《鲁诗》亡于魏晋，《韩诗》仅存外传，而《毛诗》独存。今之《诗经》皆指《毛诗》。《毛诗》自古注释甚多。课文《诗经·周南·芣苢》选自程俊英、蒋见元著，中华书局 1991 年版《诗经注析》。

要进一步了解《诗经》的内容与思想，可以借助于工具书，如商务印书馆的《现代汉语词典》《辞源》（第三版）和上海辞书出版社的《汉语大词典》以及其他工具书。

商务印书馆 2015 年出版的《辞源》（第三版）对芣苢的解释：

草名。本草名车前子。亦称车轮菜。苢，亦作"苡"。诗周南芣苢："采采芣苢，薄言采之。"传："芣苢，马舄。马舄，车前也，宜怀任焉。"一说:"芣苢,木也。實似李,食之宜子。出於西戎。"見詩芣苢釋文引周書王會。參閱明徐光啟農政全書四六救荒本草車輪菜。參見"車前"。

上海辞书出版社 2007 年出版的《汉语大词典》对芣苢的解释:

> 亦作"芣苢"。❶草名。即车前。《诗·周南·芣苢》:"采采芣苢,薄言采之。"郑玄笺:"芣苢,马舄。马舄,车前也。"明李时珍《本草纲目·草五·车前》:"當道、芣苢、马舄。"
>
> ❷《诗·周南》篇名。(1)《韩诗》以为《芣苢》"傷夫有恶疾也"。古人歌之以表达对患恶疾者之同情。《文选·刘孝标〈辩命论〉》:"顏回敗其叢蘭,冉耕歌其《芣苢》。"李善注:"《家语》曰:冉耕,魯人,字伯牛,以德行著名,有恶疾。《韓詩》曰:'《采苢》,傷夫有惡疾也。'"
>
> (2)芣苢多子,古人歌之以示庆贺生子之意。胡熊锷《生女慰内》诗:"霜林未合歌《芣苢》,秋實徒增慨《黍離》。"

天津人民出版社 1991 年出版的《中国文学大辞典(第四卷)》里有对《芣苢》这首古诗的介绍:

> 《诗经·周南》第 8 篇。全诗 3 章,章 4 句。这是妇女采芣苢时唱的歌。第 1 章写出采摘芣苢和摘到了芣苢,第 2 章写拾取芣苢和大把大把地将取芣苢,第 3 章写用手持握衣襟盛芣苢和把衣襟插在腰带上以便双手同时采芣苢。全诗只换 6 个动词,用赋法把采芣苢的全过程有条有理地记述了下来。诗歌节奏明快,情绪欢欣,全诗不见一个乐字而其乐自现。《毛诗序》以为,天下和平,故"妇人乐有子"。王先谦《诗三家义集疏》引《鲁说》《韩说》,以为丈夫有恶疾女子守而不去,朱熹《诗集传》以为是"妇女相与采此芣苢,而赋其事相乐也"。方玉润《诗经原始》以为是"拾菜讴歌"。现代治《诗经》者多从朱熹之说。

《诗经》分"风雅颂",《诗经·周南·芣苢》属于"国风","风"是百姓唱的歌谣。《诗经》多四言诗,《诗经·周南·芣苢》就是四言诗,而且是用《诗经》"赋比兴"的"赋"的方法写成的。《诗经·周南·关雎序》谓《诗》有六义:风、赋、比、兴、雅、颂。铺叙其事曰赋。《诗经》像《芣苢》一样,全诗 3 章,每章 4 句,每句 4 字,全诗 48 字。3 章句式相同,仅有 6 字不同的诗还有《诗经·周南·樛木》《诗经·召南·鹊巢》等，有兴趣的同学可以找来一读，作一比较。另外《诗经》的用韵属于"上古三十韵部"，《诗经·周南·芣苢》用韵为"上古三十韵部"的"之部"。关于《诗经·周南·芣苢》全诗的上古读音，可以查检徐中舒主编《汉语大字典》（该字典附有《上古音字表》）。

二、关于《文氏外孙入村收麦》

《文氏外孙入村收麦》诗为北宋苏辙所作，选自陈宏天、高秀芳校点《苏辙集》，中华书局 1990 年版。2017 年印刷的《苏辙集》是最新版本。

介绍苏辙及其作品的辞书很多。

《宋史》有苏辙传，《中国人名大辞典》有"苏辙"条。

上海辞书出版社 2000 年版《中国历史大辞典》苏辙词条：

> 苏辙（1039—1112），北宋眉州眉山（今属四川）人，字子由，一字同叔，号颍滨遗老。苏洵子。嘉祐进士，复举制科。熙宁变法，为三司条例司检详文字，力陈青苗法不可行，遂出为河南府留守推官，历陈州教授、齐州掌书记、应天府签书判官。元丰中，兄轼因作诗被指为讽刺新法得罪，坐谪监筠州盐酒税。哲宗立，召为秘书省校书郎，改右司谏，劾新党宰执蔡确、章惇等。历中书舍人、户部侍郎、翰林学士知制诰、御史中丞，元祐六年（1091）拜尚书右丞，次年进门下侍郎。哲宗亲政，落职知汝州，复责雷州安置。徽宗时，提举宫观，致仕。其文汪洋澹泊，为唐宋八大家之一，与父、兄合称"三苏"，为"蜀学"重要人物。主张三教合一。其学有道家神秘主义色彩。著有《栾城集》《春秋集解》《诗集传》等。

中国书店 1994 年出版的《中国大书典》记载：

> 《栾城集》 诗文别集。五十卷，《后集》二十四卷，《三集》十卷，《应诏集》十二卷。宋苏辙撰。（撰者事迹参见《龙川略志、别志》条）
> 《栾城集》为苏辙手定。《正集》是他在尚书右丞任上所编次，皆元祐以前之作；《后集》是元祐九年（1094 年）至崇宁四年（1105 年）之作；《三集》是崇宁五年至政和元年之作；《应诏集》为策论及应试

诸作。《栾城集》自宋以来，基本上是原本相传，尚无过多杂错。

　　《栾城集》《后集》《三集》《应诏集》收入《四库全书·集部别集类》及《四部备要·集部》中，均依据明代旧刊本，亦犹宋时善本；收入《四部丛刊·集部宋别集》中，前三集则为明蜀府活字本影印（共 20 册），《应诏集》则是影印宋写本。此外，上海古籍出版社一九八七年出版由曾枣庄、庄德富校点的《栾城集》，共三册，其中辑入了未被以上四个集子所收的诗文七十四篇，名为《栾城集拾遗》。

汉语大词典出版社 2006 年版《宋代文化史大辞典（下册）》中写到 1990 年中华书局也出版了校点本，题为《苏辙集》，亦以清梦轩本为底本，后附刘尚荣《苏辙佚著辑考》，得佚作 70 余篇。

　　直呼其名，称《××集》是近现代的作法。古人的诗文集的命名多不采用此种作法，以为不敬。有某出版社请启功先生手书"陈垣集"几字，启功先生婉言拒绝。陈垣是启功先生的老师，学生不能直呼自己老师的名字，只能称其"字"称其"号"。唐宋八大家，宋占六家。宋六家的诗文集均无直呼其名的。王安石的文集是《王临川集》，欧阳修的文集是《欧阳文忠集》，苏洵的文集是《苏老泉先生集》，苏轼的文集是《东坡集》，苏辙的文集是《栾城集》，曾巩的文集是《元丰类稿》。《四库全书》《书目答问补正》都用这种书名，这是老规矩。故此《苏辙集》的书名，一看便知是今人的手笔。

　　解释苏辙《文氏外孙入村收麦》的辞书不多，中国知网的工具书总库中只有一条信息，意外的是除有本诗原文外，又多了两首古诗。

湖南人民出版社 2006 年版《中国文学编年史·宋辽金卷（中）》记载：

　　夏蚕眠、麦熟时节，文氏外孙入村收麦，苏辙作诗记之。《栾城第三集》卷一《蚕麦二首》，其一："疏慵自分人嫌我，贫病可怜天养人。蚕眠已报冬裘具，麦熟旋供汤饼新。撷桑晓出露濡足，拾穗暮归尘满身。家家辛苦大作社，典我千钱追四邻。"其二："三界人家多鲜福，一时蚕麦得难兼。鉏耰已愧非吾力，汤火尤惊取不廉。贵客争夸火浣布，贫家粗有水精盐。薄衫冷面消长夏，扪腹当知百不堪。"

　　同卷，《文氏外孙入村收麦》："欲收新麦继陈谷，赖有诸孙替老人。三夜阴霪败场圃，一竿晴日舞比邻。急炊大饼偿饥乏，多博村酤劳苦辛。闭廪归来真了事，赋诗怜汝足精神。"

《栾城三集》卷一《文氏外孙入村收麦》的读音语义：

> 欲收新麦继陈谷，赖有诸孙替老人。
>
> 三夜阴霪败场圃，一竿晴日舞比邻。
>
> 急炊大饼偿饥乏，多博村酤劳苦辛。
>
> 闭廪归来真了事，赋诗怜汝足精神。

此诗是一首七言律诗。既然是一首律诗，用现代汉语的语义或普通话的发音理解和吟诵此诗，难免有所欠缺。如果用古代汉语的语义和宋朝通用的诗韵理解和吟诵此诗，读者会领略出此诗的意境和妙处。

苏辙所处的北宋时期，通行的是读音分"上平声、下平声、上声、去声、入声"的206韵的诗韵，例如《广韵》《集韵》《礼部韵略》。首联的"人"字为"如邻切"，额联的"邻"字为"力珍切"，颈联的"辛"字为"息邻切"，尾联的"神"字为"食邻切"，都属于上平声"十一真韵"。

此外，颈联的"急"字，现代汉语作平声字，但《集韵》作"居立切"入声字。"乏"字现代汉语作平声字，但《集韵》作"房法切"入声字。"博"字现代汉语作平声字，但《集韵》作"补各切"入声字。尾联"足"字，现代汉语作平声字，但《集韵》作"即玉切"入声字。律诗讲究平仄，不用平仄不成律诗。虽然普通话读不出"入声字"，但不能以普通话的读音代替古音，犹如不能以现代汉语普通话读音读广东话、上海话，就连读北京话也不行一样。

此诗还有几个字的字义与现代汉语的字义不同：

额联的"舞"字，一般现代汉语字典、词典所作解释用在此处不妥，不能作"舞蹈""舞动""鼓舞""玩弄""表演""钟体的顶部"或方言"搞、弄"解释。《康熙字典》引《说文解字》解释："舞，乐也。""一竿晴日舞比邻"的语义是"天晴了，太阳升起一竿高，（可以打场了）村民邻居都高兴快乐起来"。

这一联在修辞方面作了强烈的对比。用"一竿"对"三夜"。"三夜"是指多日，"一竿"是指日出高度。出句说多日阴雨，使场圃破坏，农民无法割麦，更无法打场，心情是何等焦急——一年收成决此数日。对句说忽然天晴，日出一竿，村民们都高兴起来，可以收割，可以打场，一年辛苦有结果了。

颈联是个流水对，讲文氏外孙收麦极为辛苦，所以家里人急忙制作大饼，请他们饱食以解饥乏，同时还买来村酿慰劳抢收的文氏外孙。一家人何等和睦，诗翁苏辙何等心疼爱护外孙。

第二节　如何查找拓展阅读资料

——以整本书阅读《乡土中国》为例

　　部编版《高中语文必修（上册）》的第五单元要求学生整本书阅读费孝通的《乡土中国》。绝大多数教师对这本书是很陌生的。老师们只有先给自己充电，才能指导学生正确理解书中的内容，要把握全书的逻辑思路，了解这本书的学术价值，学会阅读学术著作。

（一）需要查阅的资料

　　了解费孝通的一些个人经历、《乡土中国》的成书背景和学术价值，以及与原书相关的延伸阅读资料等，可以帮助老师们理解《乡土中国》的内容和风格特征。

（二）查找资料的途径

可以从工具书、已发表的文献、已出版的相关图书中查找相关资料。

　　在中国知网数据库里可以检索出若干篇研究费孝通及其作品《乡土中国》的文献，从中挑选出北京大学、中国人民大学、厦门大学、浙江大学、中国社会科学院、华中师范大学等单位的专家、学者的一些文章。从这些文献中获知：

　　　　费孝通，祖籍江苏吴江（旧属苏州府），1910 出生，2005 年去世。
　　　　1916 年，费孝通入吴江县第一初等小学，1920 年举家迁居苏州，入振华女校。1928年入东吴大学医预科。1930年转入燕京大学社会学系，师从吴文藻。1933年毕业获学士学位，并考取清华大学社会学及人类学系研究生，师从白俄罗斯学者史禄国。1935年获硕士学位，赴广西大瑶山瑶族地区考察。次年于吴江开弦弓村调查租佃等社会问题，留学英国伦敦大学政治经济学院人类学系，师从马林诺斯基，1938年获哲学博士学位。回国后任云南大学社会学系助理教授，创建社会学研究室，参加燕京大学与云南大学合办的实地调查工作站，组织开展禄丰县大北厂及易门、玉溪等地调查。次年博士学位论文《江村经济》于英国出版……后曾任清华大学教授、北京大学社会学人类学研究所所长、中国社会学学会会长、中国民主同盟会主席、中国人民政治协商会议全国委员会副主席、全国人民代表大会常务委员会副委员长等职。

代表作有《乡土中国》《禄村农田》《生育制度》《访美掠影》《小城镇及其他》等。

（三）把检索到的文献资料分类编排，提供给师生阅读

1. 对《乡土中国》作者印象

（1）王铭铭的《我所认识的费孝通》，《南风窗》2005第10期，86—88页。

（2）郑也夫的《评〈乡土中国〉与费孝通》，《中华读书报》2015年9月16日第5版。

2.《乡土中国》写作背景和乡土伦理体系

王铭铭、杨清媚的《费孝通与〈乡土中国〉》，《中南民族大学学报（人文社会科学版）》2010年第4期，1—6页。

3.《乡土中国》作品的当代意义

（1）张继焦的《费孝通的三个重要理论都过时了吗？——对人类学民族学研究范式转型的思考》，《云南民族大学学报（哲学社会科学版）》2019年第2期，41—46页。

（2）李小东、王校情的《乡土中国视域社会主义核心价值观培育——基于费孝通社会文化理论》，《中学政治教学参考》2019年第15期，69—70页。

4. 理解《乡土中国》的关键概念、逻辑思路、学术价值

（1）韩致宁、乔芳琦的《从费孝通的〈乡土中国〉看中国传统社会与基层社会》，《中央财经大学学报》2015 年增刊，77—80 页。

（2）夏玉珍、刘小峰的《费孝通〈乡土中国〉中的"差序格局"概念探讨》，《中国图书评论》2010 年第 12 期，89—94 页。

（3）赵旭东的《费孝通的十个文化洞见》，《北京日报》2019 年 3 月 11 日第 16 版。

（4）刘瑜的《从费孝通的乡土理论看〈白鹿原〉的乡土特性》，《贵州社会科学》2005 年第 5 期，122—124 页。

（5）欧阳辉纯的《伦理学视野中的"乡土中国"——以费孝通的〈乡土中国〉为中心》，《理论月刊》2011 年第 12 期，81—83 页。

（6）张连海的《"乡土中国"遭遇"机器时代"之社会团结："费孝通问题"与"涂尔干主义"的对垒》，《宁夏社会科学》2015 年第 1 期，39—44 页。

（7）王小章的《"乡土中国"及其终结：费孝通"乡土中国"理论再认识——兼谈整体社会形态视野下的新型城镇化》，《山东社会科学》2015 年第 2 期，5—12 页。

（8）彭兆荣的《魂之归兮，乡土中国——费孝通的乡土情结》，《西北民族研究》2018 年第 3 期，105—113 页。

（四）拓展阅读资料

1. 与《乡土中国》相关的图书

（1）费孝通的《江村经济》。中国较早的一部运用人类学研究方法对当代中国农村社会进行调查研究的专著。全书共 16 章，详细地描述了中国农民的生产方式、土地占有、交易、分配、消费、亲属关系、婚姻、宗教信仰和文化娱乐，深入研究了中国农村的政治、经济、文化发展与变化过程。

（2）费孝通的《乡土重建》。该书是在《乡土中国》基础上提出的战后恢复乡村生活建设的策划和建议。虽然创作时间过去半个多世纪，但依然具有很强的启发意义。

（3）陈心想的《走出乡土：对话费孝通〈乡土中国〉》（生活·读书·新知三联书店 2017 年版）。该书一方面与《乡土中国》每一章内容进行对话，同时还试着将现代社会与乡土社会进行对比和分析，以更好地理解和认识我们正处于其中的社会状况。

2. 与《乡土中国》相关图书的研究资料

（1）张静的《燕京社会学派因何独特？——以费孝通〈江村经济〉为例》，《社会学研究》2017 年第 1 期，24—30、242—243 页。

（2）汪和建的《社区经济社会学的建构——对费孝通〈江村经济〉的再探讨》，《江苏社会科学》2001 年第 6 期，37—43 页。

（3）郭占锋、焦明娟的《费孝通乡土重建思想略述》，《农业经济》2019 年第 3 期，3—5 页。

（4）王建民、张璐的《城乡关系、乡土危机与社会重组——费孝通的〈乡土重建〉及其当代意义》，《新视野》2015 年第 2 期，124—128 页。

（5）唐宝民的《"乡土重建"的当代意义》，《解放军报》2017 年 5 月 27 日第 8 版。

（6）陈心想的《缺席的对话:〈走出乡土〉后记》，《书屋》2016 年第 3 期，60—62 页。

（7）陈柏峰的《"走出乡土"的"后乡土中国"——评陈心想著作〈走出乡土〉》，《学术界》2017 年第 10 期，239—245、327—328 页。

（五）读费孝通《乡土中国》札记

（1）陈心想的《走出乡土——阅读费孝通〈乡土中国〉札记之一》，《书屋》2015 年第 2 期，41—45 页。

（2）陈心想的《"愚"也？非也！文字下乡——阅读费孝通〈乡土中国〉札记之二》，《书屋》2015 年第 4 期，56—60 页。

（3）陈心想的《乡土社会的文化传承:再论文字下乡——阅读费孝通〈乡土中国〉札记之三》，《书屋》2015 年第 6 期，61—65 页。

（4）陈心想的《内看"公"，外看"私":差序格局——阅读费孝通〈乡土中国〉札记之四》，《书屋》2015 年第 8 期，50—56 页。

（5）陈心想的《维系着私人的道德:追寻同等的"爱"——阅读费孝通〈乡土中国〉札记之五》，《书屋》2015 年第 12 期，65—70 页。

第三节 如何查找古籍图书版本

部编版《高中历史必修（中外历史纲要 上册）》由10个单元29课及一个活动课组成。每一课包含学习聚焦、思考点、学思之窗、史料阅读、历史纵横、探究与拓展（问题探究、学习拓展）板块，在多数板块内都有阅读资料，但教材只给出了摘录文献的片段和文献线索。要想阅读全文，还是要查找原著。

从对教材提供的文献线索梳理情况看，绝大部分是古籍文献，如《左传》《诗经》《楚辞》《史记》《汉书》《后汉书》《资治通鉴》等。中学图书馆入藏古籍文献，最主要的是要辨别版本及选择好的注本。

了解古籍文献的基本情况，首要选择是查检《四库全书总目提要》，其次是查检张之洞的《书目答问》，再次是借助工具书，如《辞源》《辞海》等。此外，还可以借助中国知网的期刊全文数据库及工具书总库来了解古籍版本情况。

《书目答问》收书2200种左右，是张之洞任四川学政时为生童学习经史辞章考据诸学指示门径的目录书。全书分经、史、子、集、丛书五部，每部之下又分为若干类，每类中的书籍以时代先后次序排列。对于所收各书，皆注明作者、卷数；记载版本则以当时习见为主，不追求所谓的宋椠元刊；类目和重要图书下有时加写按语，简要说明阅读时的注意事项。书后附有《别录》及《清代著述诸家姓名考略》。

该书介绍中国古书大概和目录版本常识，为学者所欢迎，流传极广。其中王秉恩光绪五年的贵阳刻本，改正原刻讹误280余处。范希曾《书目答问补正》（1931年印行），于订补该书错漏外，选取后出之有关重要新著和影刻珍本，作了补充。目前，比较好的版本是1983年上海古籍出版社出版的《书目答问补正》（瞿凤起校点）。

案例1

教材第一单元第1课是"中华文明的起源与早期国家"，在"探究与拓展"板块的问题探究里要求学生思考的问题：阅读这段话，查阅相关史前文化遗址的考古资料，考察其分布特点，就中华文明起源的多源性与统一性问题谈谈自己的认识。

教材提供的阅读材料是摘录《尚书》一书中的部分内容：

人无于水监，当于民监。

——《尚书·酒诰》

惟王子子孙孙永保民。

——《尚书·梓材》

《尚书》是中国第一部古典散文集和最早的历史文献。其内容以上古及夏、商、西周君臣讲话记录为主，是我国上古各代典、谟、训、诰、誓、命等历史文件和部分追述古代事迹著作的汇编。其中主要有四种内容体系，即《虞书》《夏书》《商书》《周书》。

《尚书》目前有三个版本：一个是《今文尚书》，西汉最初流传的《尚书》是秦博士伏生传下来的，有28篇；第二个是《古文尚书》，据传是汉武帝年间在孔子住宅壁中发现的《古文尚书》和东晋梅赜所献的伪《古文尚书》两种；第三个是《清华大学藏战国竹简》。现通行的《十三经注疏》本《尚书》，就是《今文尚书》与伪《古文尚书》的合编。《尚书》对研究夏、商和西周的政治思想的形成与发展有重要价值，其在政治思想方面的内容有尊君保民、明德慎罚、无偏无党、用人唯贤等等，成为儒家政治思想的重要渊源，对中国封建社会政治思想文化的发展具有重大影响。

《尚书》是我国最早的古书之一，文辞古奥难懂，阅读时应利用前人注释。通行注本有唐孔颖达《尚书正义》，以清代孙星衍的《尚书今古文注疏》为最完备。

对于一般文化水平的读者来说，也可选用一些译本，如上海辞书出版社2015年出版的《尚书今注今译》。该书分虞夏书、商书、周书三大部分，具体内容包括尧典、禹贡、汤誓、微子、牧誓、召诰等。书中注语大都依据《尚书释义》编写。

以白话文译先秦文辞，犹如以本国文译外国文，可参考四川人民出版社1982 年出版的《尚书译注》、中华书局 2012 年出版的《尚书》。

案例 2

教材第二单元第 8 课"三国至隋唐五代的文化"中，在"探究与拓展"板块的问题探究里，要求学生阅读材料，结合所学，谈自己对唐朝所受域外文化影响在文化艺术方面的具体表现。教材提供的阅读材料是摘录的向达所著《唐代长安与西域文明》一书中的部分内容。

首先，了解该书作者的基本情况。

其次，了解教材推荐的阅读材料的主要内容。中国知网期刊全文数据库中收录的关于该专著的介绍及评论性文章可以帮助我们梳理、把握原著的学术价值。

《唐代长安与西域文明》 向达（1900—1966）著，北京三联书店1957 年出版，1979 年再版。本书由作者 20 余篇论文编辑成册，是其一生有代表性的学术精华所在。其中 1933 年在《燕京学报》专号上发表的《唐代长安与西域文明》，清楚地论述了于阗、龟兹和昭武九姓各国居住中国的西域人，阐明了《大秦景教流行中国碑》中的"阿罗本"当是罗马东徼（Roman Orient）之人。其他的僧人也是中亚人。又以详实的史料论证了唐人的文化社会生活与西域诸族的密切关系，如胡店与胡姬，唐代开元前后受胡化影响的时世妆束，食品中依高昌法制出的葡萄酒等，还有由西域传入的画派与乐舞对唐代绘画和音乐的影响，胡人入中原后的改姓汉化情况，时至今日这仍是一篇很有价值的学术论文。

——摘自《中国读书大辞典》

第四节　教师备课场景下的信息检索

2019 年 4 月，河北省泊头市一中孙老师被推荐参加河北省化学优质课评比。他选择讲授高中人教版《化学（选修 5）》中"苯酚"作为参赛内容。通过网络搜集备课相关资源，完成了教学设计。

第一步，初步检索资料，丰富备课素材。为了获得更多的素材，开拓思路，孙老师围绕"苯酚"这个知识点，利用一框式检索的主题检索进行第一次检索，在专业数据库获得 61090 条检索结果。为了获得有效信息，孙老师设定了两个目标：第一个目标是选择最新文献，实现教学设计的创新；第二个目标是选择丰富多样的素材。为此在文献筛选过程中，他参考了"发表年度"和"来源数据库"两个重要的指标。参考最近两年围绕"苯酚"主题发表的 200 篇论文，如文章《利用手机颜色检测软件测定苯酚的含量》和"酚醛树脂的形成"动画教具，作为课堂导入素材。这些都在一定程度上丰富了自己的课程内容和授课形式。

图 8-4-1　一框式检索

第二步，细化检索，明确查找"教学设计"。在初步检索之后，孙老师还希望在专业数据库检索到"苯酚教学设计"的相关素材，所以在检索的过程中通过高级检索主题"苯酚"＋篇名"教学设计"的检索表达式，精准地获取了36条与"苯酚"教学设计相关的文献，其中包含了反常规教学案例、探究式教学设计、优质课案例赏析等相关内容。

图 8-4-2　高级检索

　　第三步，孙老师通过互联网扩大素材搜集范围及类型，在专业数据库外，通过互联网搜集相关的素材。利用搜索引擎，通过百度搜索"苯酚教学设计"，检索到 24.6 万条文献信息，为此对检索结果作二次检索，规定资源时间、限制资源类型、强调资源出处，以提高文献的搜集效率。如限定检索结果是最近一年内、文件类型为"word 文档"的关于"苯酚教学设计"的内容。最后完成了本次教学设计。

　　教师在备课过程中，不同的课程设计需要不同的素材，因此在选择素材来源时应该有所偏重。比如学科网，主要提供各学段、学科的试卷、课件、教案和学案；中考资源网／高考资源网收集了各学科大量的历年中高考真题、模拟题；NOBOOK 主要提供的是初高中的物理、化学、生物和小学科学的虚拟实验素材。在教育信息化的环境下，教师应该主动掌握并合理地将信息化的教学素材应用到自己的课堂教学中，增强教学内容和教学方法的丰富性和多样性。

▌ 附录

2019 年中小学图书馆馆配期刊推荐目录

小学图书馆推荐期刊目录

序号	刊名	主办单位	刊期
1	少年科学画报	北京出版集团有限责任公司	月刊
2	十月·少年文学	北京出版集团有限责任公司	月刊
3	天天爱科学	人民文学出版社有限公司	月刊
4	我们爱科学	中国少年儿童新闻出版总社	周刊
5	儿童文学	中国少年儿童新闻出版总社	月刊
6	少儿国学	人民教育出版社有限公司	半月刊
7	连环画报	人民美术出版社	月刊
8	学与玩	中国儿童中心	月刊
9	军事文摘	中国航天科工防御科技研究院	月刊
10	中国校园文学	作家出版社	半月刊
11	故事会	上海文艺出版总社	半月刊
12	天天爱学习	天津电子出版社有限公司	月刊
13	学友动漫	天津电子出版社有限公司	周刊
14	少儿美术	天津人民美术出版社有限公司	月刊
15	中国漫画	天津人民美术出版社有限公司	月刊
16	青少年科技博览	天津师范大学	月刊
17	读友（少年文学）	广东《少男少女》杂志社	月刊
18	广东第二课堂	广东教育杂志社	半月刊
19	少先队员	广东省青少年事业研究与发展中心	旬刊
20	少年文摘	广东时代传媒有限公司	月刊
21	七彩语文	江苏凤凰少年儿童出版社	周二刊
22	阅读（高年级）	江苏教育报刊总社	周二刊
23	科学大众	江苏省科学技术协会	周二刊
24	红蜻蜓	安徽教育报刊社	月刊
25	课外生活	安徽少年儿童出版社	半月刊
26	少儿科技	安徽省科学教育委员会	月刊
27	故事作文	读者出版传媒股份有限公司	半月刊
28	读者·校园版	读者出版传媒股份有限公司	半月刊
29	金色少年	海燕出版社有限公司	月刊
30	第二课堂	湖南省科学技术协会	月刊
31	大灰狼画报	二十一世纪出版社集团有限公司	月刊
32	小学生之友	江西教育传媒集团有限公司	旬刊
33	聪明泉	江西教育传媒集团有限公司	半月刊
34	小学阅读指南	黑龙江省报刊出版有限公司	半月刊
35	数学小灵通	辽宁北方教育报刊出版有限公司	旬刊
36	好作文	辽宁北方教育报刊出版有限公司	月刊

序号	刊名	主办单位	刊期
37	万象国学	辽宁教育出版社	旬刊
38	小学生优秀作文	辽宁少年儿童出版社有限责任公司	旬刊
39	小学生学习指导	辽宁少年儿童出版社有限责任公司	旬刊
40	少年大世界	共青团大连市委员会	旬刊
41	小布老虎	春风文艺出版社	月刊
42	意林（少年版）	长春市文学艺术界联合协会	半月刊
43	当代小学生	山东教育社	周刊
44	小葵花	青岛出版社有限公司	旬刊
45	环球少年地理	青岛出版社有限公司	月刊
46	少年电脑世界	青岛出版社有限公司	月刊
47	红领巾	四川少年儿童出版社有限公司	月刊
48	科幻世界（少年版）	四川省科学技术协会	月刊
49	作文大王	广西师范大学出版社集团	旬刊
50	数学大王	广西师范大学出版社集团	周刊
51	奇趣百科	广西师范大学出版社集团	周刊
52	课程·教材·教法	人民教育出版社有限公司	月刊
53	小学语文	人民教育出版社有限公司	月刊
54	中小学教材教学	人民教育出版社有限公司	半月刊
55	中小学数字化教学	人民教育出版社有限公司	月刊
56	幼儿美术	人民美术出版社	旬刊
57	中国中小学美术	人民美术出版社	月刊
58	复印报刊资料(小学英语教与学)	中国人民大学	月刊
59	复印报刊资料(小学数学教与学)	中国人民大学	月刊
60	复印报刊资料(小学语文教与学)	中国人民大学	月刊
61	复印报刊资料(中小学学校管理)	中国人民大学	月刊
62	复印报刊资料(中小学教育)	中国人民大学	月刊
63	复印报刊资料(素质教育)	中国人民大学	月刊
64	中国教育学刊	中国教育学会	月刊
65	中小学管理	北京教育学院	月刊
66	新阅读	中国新闻出版研究院	月刊
67	基础教育课程	教育部基础教育课程教材发展中心	半月刊
68	图书馆论坛	广东省立中山图书馆	月刊
69	江苏教育	江苏教育报刊总社	周二刊
70	读者	读者出版传媒股份有限公司	半月刊
71	中小学教学研究	辽宁省基础教育教研培训中心	月刊
72	中小学教师培训	东北师范大学	月刊
73	山东教育·小学	山东教育社	月刊
74	心系下一代	广西期刊传媒集团有限公司	双月刊

初中图书馆推荐期刊目录

序号	刊名	主办单位	刊期
1	十月·少年文学	北京出版集团有限责任公司	月刊
2	科学世界	《科学世界》杂志社有限责任公司	月刊
3	海外文摘	海外文摘杂志社	旬刊
4	世界军事	解放军新闻传播中心新华社解放军分社	半月刊
5	英语角	人民画报社	旬刊
6	兵器知识	中国兵工协会	月刊
7	中学生百科	中国出版传媒股份有限公司	月刊
8	军事文摘	中国航天科工防御科技研究院	月刊
9	电脑爱好者	中国计算机世界出版服务公司	半月刊
10	知识就是力量	中国科学技术出版社	月刊
11	博物	中国科学院地理科学与资源研究所	月刊
12	中外文摘	中国期刊协会	半月刊
13	青年文摘	中国青年出版（总）社	半月刊
14	世界知识画报（上半月）	世界知识出版社有限责任公司	半月刊
15	儿童文学	中国少年儿童新闻出版总社	月刊
16	中学生	中国少年儿童新闻出版总社	月刊
17	新体育	中国体育报业总社	月刊
18	大自然	中国自然科学博物馆协会	双月刊
19	中国校园文学	作家出版社	半月刊
20	英语世界	商务印书馆有限公司	月刊
21	科学画报	上海科学技术出版社有限公司	月刊
22	萌芽	上海市作家协会	月刊
23	故事会	上海文艺出版总社	半月刊
24	青少年科技博览	天津师范大学	月刊
25	小说月报	百花文艺出版社（天津）有限责任公司	月刊
26	散文	百花文艺出版社有限责任公司	月刊
27	广东第二课堂	广东教育杂志社	半月刊
28	少男少女	广东省作家协会	月刊
29	初中生世界	江苏教育报刊总社	周刊
30	译林	译林出版社	双月刊
31	读者·校园版	读者出版传媒股份有限公司	半月刊
32	民间故事选刊	河北省文学艺术界联合会	半月刊
33	中学生阅读（初中版）	河南省教育委员会	半月刊
34	探索与发现	河南省文学艺术界联合会	月刊
35	名人传记	河南文艺出版社有限公司	月刊
36	微型小说（选刊）	百花洲文艺出版社有限公司	半月刊
37	小小说选刊	郑州市文联	半月刊
38	爱你·阳光少年	湖南教育报刊社	月刊

中
小
学
图
书
馆
员
·
基
本
素
养
和
基
本
技
能
系
列
丛
书

序号	刊名	主办单位	刊期
39	第二课堂	湖南省科学技术协会	月刊
40	中学生英语	华中师范大学	周刊
41	中学时代	济南出版有限责任公司	月刊
42	疯狂英语（初中版）	江西教育出版社有限责任公司	月刊
43	初中生之友	江西教育传媒集团有限公司	旬刊
44	科普天地（中学版）	江西教育传媒集团有限公司	半月刊
45	知识窗	江西科学技术出版社有限责任公司	周刊
46	格言	黑龙江出版集团	旬刊
47	辽宁青年	共青团辽宁省委员会	月刊
48	初中生学习指导	辽宁教育学院（辽宁教师职业学院）	旬刊
49	初中生写作	辽宁少年儿童出版社有限责任公司	月刊
50	今日中学生	四川教育报刊社	旬刊
51	课程·教材·教法	人民教育出版社有限公司	月刊
52	中小学教材教学	人民教育出版社有限公司	半月刊
53	中小学数字化教学	人民教育出版社有限公司	月刊
54	教育科学研究	北京教育科学研究院 北京开放大学	月刊
55	中小学管理	北京教育学院	月刊
56	中国信息技术教育	北京中图联文化教育开发中心 中央电化教育馆	半月刊
57	基础教育课程	教育部基础教育课程教材发展中心	半月刊
58	中国考试	教育考试中心	月刊
59	中国中小学美术	人民美术出版社	月刊
60	中国教育学刊	中国教育学会	月刊
61	中学化学教与学	中国人民大学	月刊
62	中学物理教与学	中国人民大学	月刊
63	复印报刊资料(中小学教育)	中国人民大学	月刊
64	复印报刊资料(中学外语教与学)	中国人民大学	月刊
65	复印报刊资料(初中数学教与学)	中国人民大学	月刊
66	复印报刊资料(初中语文教与学)	中国人民大学	月刊
67	复印报刊资料(中小学学校管理)	中国人民大学	月刊
68	复印报刊资料（中学历史、地理教与学）	中国人民大学	月刊
69	复印报刊资料（中学政治及其他各科教与学）	中国人民大学	月刊
70	新阅读	中国新闻出版研究院	月刊
71	生物学教学	华东师范大学	月刊
72	师道（人文）	广东教育杂志社	半月刊
73	广东教育（综合）	广东教育杂志社	周刊
74	图书馆论坛	广东省立中山图书馆	月刊

续　表

序号	刊名	主办单位	刊期
75	江苏教育	江苏教育报刊总社	周二刊
76	读者	读者出版传媒股份有限公司	半月刊
77	教育家	光明日报出版社	周刊
78	教育研究与实验	华中师范大学	双月刊
79	心系下一代	广西期刊传媒集团有限公司	双月刊
80	教育界	广西期刊传媒集团有限公司	周刊
81	数理化解题研究	黑龙江省报刊社有限公司	旬刊
82	中小学教师培训	东北师范大学	月刊
83	中小学教学研究	辽宁省基础教育教研培训中心	月刊
84	中国数学教育	辽宁北方教育报刊出版有限公司	月刊
85	基础教育论坛	辽宁北方教育报刊出版有限公司	旬刊
86	中学物理（教学参考）	陕西师范大学	半月刊
87	中学化学（教学参考）	陕西师范大学	半月刊
88	中学历史（教学参考）	陕西师范大学	半月刊
89	中学生物教学	陕西师范大学	半月刊
90	四川教育	四川教育报刊社	旬刊

高中图书馆推荐期刊目录

序号	刊名	主办单位	刊期
1	十月	北京出版集团公司	月刊
2	十月·少年文学	北京出版集团有限责任公司	月刊
3	科学世界	《科学世界》杂志社有限责任公司	月刊
4	中国青年	共青团中央委员会	半月刊
5	青春期健康	国家卫生健康委人口文化发展中心 中国人口宣传教育中心	半月刊
6	世界军事	解放军新闻传播中心新华社解放军分社	半月刊
7	英语角	人民画报社	旬刊
8	当代	人民文学出版社有限公司	双月刊
9	世界知识画报（上半月）	世界知识出版社有限责任公司	半月刊
10	英语世界	商务印书馆有限公司	月刊
11	中学生百科	中国出版传媒股份有限公司	月刊
12	军事文摘	中国航天科工防御科技研究院	月刊
13	电脑爱好者	中国计算机世界出版服务公司	半月刊
14	知识就是力量	中国科学技术出版社	月刊
15	博物	中国科学院地理科学与资源研究所	月刊
16	中国国家地理	中国科学院地理科学与资源研究所	月刊
17	中外文摘	中国期刊协会	半月刊
18	青年文摘	中国青年出版（总）社	半月刊
19	中学生	中国少年儿童新闻出版总社	月刊
20	新体育	中国体育报业总社	月刊
21	心理与健康	中国心理卫生协会	月刊
22	大自然	中国自然科学博物馆协会	双月刊
23	中华遗产	中华书局有限公司	月刊
24	中国校园文学	作家出版社	半月刊
25	海外文摘	海外文摘杂志社	旬刊
26	兵器知识	中国兵工协会	月刊
27	中学生英语	华中师范大学	周刊
28	科学画报	上海科学技术出版社有限公司	月刊
29	书城	上海三联书店	月刊
30	萌芽	上海市作家协会	月刊
31	咬文嚼字	上海文化出版社	月刊
32	故事会	上海文艺出版总社	半月刊
33	小说月报	百花文艺出版社（天津）有限责任公司	月刊
34	散文	百花文艺出版社有限责任公司	月刊
35	微型小说（选刊）	百花洲文艺出版社有限公司	半月刊
36	广东第二课堂	广东教育杂志社	半月刊
37	译林	译林出版社	双月刊

序号	刊名	主办单位	刊期
38	读者·校园版	读者出版传媒股份有限公司	半月刊
39	辽宁青年	共青团辽宁省委员会	月刊
40	求学	广西期刊传媒集团有限公司	月刊
41	民间故事选刊	河北省文学艺术界联合会	半月刊
42	寻根	大象出版社有限公司	月刊
43	探索与发现	河南省文学艺术界联合会	月刊
44	名人传记	河南文艺出版社有限公司	月刊
45	百花园	郑州市文联	月刊
46	小小说选刊	郑州市文联	半月刊
47	格言	黑龙江出版集团	旬刊
48	第二课堂	湖南省科学技术协会	月刊
49	中学时代	济南出版有限责任公司	月刊
50	高中生之友	江西教育传媒集团有限公司	旬刊
51	科普天地（中学版）	江西教育传媒集团有限公司	半月刊
52	知识窗	江西科学技术出版社有限责任公司	周刊
53	视野	兰州大学资产经营有限公司	半月刊
54	诗潮	沈阳广播电视台	月刊
55	啄木鸟	群众出版社	月刊
56	今日中学生	四川教育报刊社	旬刊
57	人与自然	云南教育出版社有限责任公司	月刊
58	微型计算机	重庆西南信息有限公司	旬刊
59	教育科学研究	北京教育科学研究院 北京开放大学	月刊
60	中国信息技术教育	北京中图联文化教育开发中心 中央电化教育馆	半月刊
61	中国考试	教育考试中心	月刊
62	课程·教材·教法	人民教育出版社有限公司	月刊
63	神州学人	中国教育报刊社	月刊
64	中国教育学刊	中国教育学会	月刊
65	复印报刊资料(高中数学教与学)	中国人民大学	月刊
66	复印报刊资料(高中语文教与学)	中国人民大学	月刊
67	复印报刊资料(中学历史、地理教与学)	中国人民大学	月刊
68	复印报刊资料(中学外语教与学)	中国人民大学	月刊
69	复印报刊资料(中学政治及其他各科教与学)	中国人民大学	月刊
70	中学化学教与学	中国人民大学	月刊
71	中学物理教与学	中国人民大学	月刊
72	新阅读	中国新闻出版研究院	月刊
73	教育家	光明日报出版社	周刊
74	生物学教学	华东师范大学	月刊
75	教育研究与实验	华中师范大学	双月刊

76	课程教学研究	广东教育出版社有限公司	月刊
77	广东教育（综合）	广东教育杂志社	周刊
78	师道（人文）	广东教育杂志社	半月刊
79	图书馆论坛	广东省立中山图书馆	月刊
80	江苏教育	江苏教育报刊总社	周二刊
81	读者	读者出版传媒股份有限公司	半月刊
82	教育界	广西期刊传媒集团有限公司	周刊
83	求学·教学教研版	广西期刊传媒集团有限公司	月刊
84	心系下一代	广西期刊传媒集团有限公司	双月刊
85	数理化解题研究	黑龙江省报刊社有限公司	旬刊
86	教育测量与评价	湖南省教育考试院	月刊
87	实验教学与仪器	长沙理工大学	月刊
88	中国数学教育	辽宁北方教育报刊出版有限公司	月刊
89	女友	陕西女友传媒发展有限公司	月刊
90	中学化学（教学参考）	陕西师范大学	半月刊
91	中学历史（教学参考）	陕西师范大学	半月刊
92	中学生物教学	陕西师范大学	半月刊
93	中学物理（教学参考）	陕西师范大学	半月刊
94	四川教育	四川教育报刊社	旬刊

■ 参考文献

[1] 朱天俊，李国新．中文工具书 [M]．北京：书目文献出版社，1987．

[2] 詹德优．中文工具书导论 [M]．武汉：湖北教育出版社，1994．

[3] 詹德优，等．中文工具书使用法 [M]．北京：商务印书馆，1996．

[4] 朱天俊，李国新．中文工具书基础 [M]．北京：北京图书馆出版社，1998．

[5] 于翠玲．工具书应用通则 [M]．沈阳：春风文艺出版社，1999．

[6] 祝鼎民．中文工具书及其使用（增订本）[M]．北京：中华书局，2008．

[7] 李国新．中国文献信息资源与检索利用 [M]．北京：北京大学出版社，2004．

[8] 何华连，方宝花．信息检索教程 [M]．上海：上海辞书出版社，2005．

[9] 沈传尧．数字资源检索与利用 [M]．南京：江苏人民出版社，2007．

[10] 肖希明．信息资源建设 [M]．武汉：武汉大学出版社，2008．

[11] 张广福，郭庆杰．中文工具书使用基础 [M]．北京：国防工业出版社，2009．

[12] 黄如花．信息检索（第二版）[M]．武汉：武汉大学出版社，2010．

[13] 戚敏，等．数字信息资源检索方法与实践（理工版）[M]．武汉：华中科技大学出版社，2011．

[14] 肖珑．数字信息资源的检索与利用（第二版）[M]．北京：北京大学出版社，2013．

[15] 陈泉．信息素养与信息检索 [M]．北京：清华大学出版社，2017．

[16] 刘伟成．数字信息资源检索 [M]．武汉：武汉大学出版社，2018．

[17] 金胜勇，等．信息资源建设 [M]．北京：科学出版社，2017．

[18] 吴慰慈，董焱．图书馆学概论（修订第二版）[M]．北京：国家图书馆出版社，2008．

[19] 国家图书馆《中国图书馆分类法》编辑委员会．中国图书馆分类法（第五版）[M]．北京：国家图书馆出版社，2010．

[20] 国家图书馆"文津"搜索系统．

[21] 中国知网．https://www.cnki.net/

[22] 中国工具书网络出版总库．

[23]中国大百科全书数据库.

[24]人大复印报刊资料库.

[25]全国报刊索引数据库.

[26]国家哲学社会科学学术期刊数据库.

[27]北京师范大学图书馆.

[28]CALIS 联合目录公共检索系统.

[29]董红霞. 论我国高校图书馆联合目录的发展 [J]. 图书情报工作, 2009, 53（15）: 78-82.

[30]宋恩梅, 袁琳. 移动的书海: 国内移动图书馆现状及发展趋势 [J]. 中国图书馆学报, 2010, 36（5）: 34-48.

[31]储节旺, 汪敏. 我国移动图书馆信息服务研究热点及趋势分析 [J]. 现代情报, 2019, 39（3）: 15-23.

[32]侯虹. 探析移动图书馆成功案例——以超星移动图书馆为例 [J]. 内蒙古科技与经济, 2017（3）: 121-122, 125.

[33]井春兰. 基于 4G 网络技术下的图书馆 APP 移动服务研究 [J]. 图书馆学研究, 2015（13）: 89-92.

[34]刘江玲. 面向大数据的知识发现系统研究 [J]. 情报科学, 2014, 32（3）: 90-92, 101.

[35]覃燕梅. 百度学术搜索与超星发现系统比较分析及评价 [J]. 现代情报, 2016, 36（3）: 48-52, 60.

[36]李宏芳, 郭荣梅, 许正兴. 基于超星发现系统的个性化服务体验研究——以开放获取研究文献为例 [J]. 图书馆界, 2018（5）: 27-31.

[37]洪坚. 网络级资源发现系统与图书馆信息服务——基于超星中文发现系统的思考 [J]. 图书馆工作与研究, 2014（6）: 42-45.

[38]王新才, 谢宇君. 知识发现系统与通用学术搜索引擎文献资源比较研究——以超星发现和百度学术为例 [J]. 福建论坛（人文社会科学版）, 2018（4）: 164-172.

[39]李俊.《辞源》与《辞海》的比较 [J]. 辞书研究, 1995（2）: 101-109.

[40]巢峰.《辞海》（第六版）编纂出版工作总结 [J]. 辞书研究, 2010（1）: 14-22.

[41]巢峰. 关于编纂出版第六版《辞海》的有关情况 [J]. 中国图书评

论，2010（1）：8-13.

[42]杜秀荣.新版《中国地图集》[J].地图，2004（6）：55.

[43]周敏，范毅.新版《世界地图集》[J].地图，2004（6）：56-57.

[44]娜敏.文献检索课程的检索语言[J].内蒙古师范大学学报（哲学社会科学版），2014，43（3）：155-159.

[45]田野.论各种文献信息检索工具及如何选择正确的检索工具[J].赤峰学院学报（自然科学版），2016，32（3）：123-125.

[46]王花玉.网络信息检索工具与传统工具书之比较分析[J].大学图书情报学刊，2006（3）：75-76.

[47]石蕾.布尔逻辑检索和自然语言检索对比研究[J].现代情报，2018，38（9）：70-73，86.

[48]田野.论各种文献信息检索工具及如何选择正确的检索工具[J].赤峰学院学报（自然科学版），2016，32（3）：123-125.

[49]海涛，任卷芳，王丹.基于元数据整合的一框式检索系统分析[J].电脑知识与技术，2015，11（1）：7-9.

[50]娜敏.文献检索课程的检索语言[J].内蒙古师范大学学报（哲学社会科学版），2014，43（3）：155-159.

[51]申晓娟，李丹，王秀香.略论图书馆资源整合与检索系统的发展——以国家图书馆"文津"搜索系统为例[J].图书情报工作，2013，57（18）：39-43，60.

[52]李际芬.简述参考工具书的结构及排检方法[J].中小企业管理与科技（上旬刊），2013（5）：138-139.

[53]韩笑菊.熟悉文献检索工具　学会检索文献资料[J].科学大众（科学教育），2012（7）：144，170.

[54]黎邦群.基于数据特征的OPAC简单检索及检索建议[J].图书馆论坛，2012，32（1）：65-68.

[55]魏蕾如.基于搜索引擎的网络中文信息检索工具评价[J].数字技术与应用，2011（6）：187.

[56]中国大百科全书数据库，微信随时随地查百科[J].百科知识，2018（21）：65.

[57]杨东波，邢军.国家图书馆"文津搜索"的设计与实现[J].国家图书馆学刊，2014，23（3）：93-98.